GOOD CHOICE 大大享受拓展視野的好選擇

GOOD CHOICE 大大享受拓展視野的好選擇

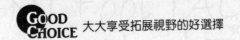

GOOD CHOICE 大大享受拓展視野的好選擇

The Husband
Instructions

老公使用說明書

○ 為確保您的權益，請仔細閱讀本說明書。

○ 若不按照使用說明而發生問題，
本公司一概不負責任。

編　　著　胡曉梅

出 版 者　大拓文化事業有限公司

責 任 編 輯　林美娟

美 術 編 輯　姚恩涵

地　　址　22103 新北市汐止區大同路三段一九十四號九樓之一

劃 撥 帳 號　18669219

總 經 銷　永續圖書有限公司

TEL　(〇二)八六四七─三六六三

FAX　(〇二)八六四七─三六六〇

網　址　www.foreverbooks.com.tw

E-mail　yungjiuh@ms45.hinet.net

CVS代理　美璟文化有限公司

TEL　(〇二)二七二三─九九六八

FAX　(〇二)二七二三─九六六八

法 律 顧 問　方圓法律事務所　涂成樞律師

出　　版　日◇二〇一八年二月

國家圖書館出版品預行編目資料

老公使用說明書 / 胡曉梅著.

-- 二版. -- 新北市：大拓文化，民107.02

面；　公分. --（人生視野；61）

ISBN 978-986-411-066-7(平裝)

1. 夫妻　2. 成人心理學　3. 兩性關係

544.142　　　　　　　　107000107

序　重要安全提示

　　非常不幸，我就是人們常說的推銷員。當你看到「推銷員」這三個字的時候，我似乎已讀到了你眼角與嘴唇邊的厭惡情緒，我不得不承認，這的確是一個倍受爭議的行業。

　　我保證，我現在不會向你推銷任何產品，也不會喋喋不休的糾纏，更不會天花亂墜地吹捧什麼。只是，我要告訴你我的自己的親身經歷，也可以說是揭發某些行業的「內幕」而已。

　　我所在的公司是生產各型機器的，所以毫無疑問，我就是從維修機器開始入行的，一幹就是五年。這個時間在很多人看來是漫長而乏味的，但是我卻不這樣想，透過對機器的故障檢查和維修，我對機器已經比我對自己還要更加瞭解。

　　可以這樣說，你越瞭解你眼前的這款機器——從

它的工作原理到可能出現的問題——你就越能更好的使用它，發揮它的最大潛力，為你所用。無論你是賣家，還是買家，這一定理都適用。

很可惜，很多銷售人員不瞭解自己的產品就亂推銷，對此類不負責任的行為，我感到憤恨；同時，很多買家也有個常見的壞習慣：購買機器後，並不是先仔細閱讀使用說明書，而是急於實際操作。亂用一通的結果而造成機器的損傷。於是，用戶變得心情很差，責怪機器性能甚至懷疑公司的信譽。

對此，我再次聲明，使用任何物品之前，請懷著對自己和對產品負責的態度——仔細閱讀使用說明書。我以我五年的工作經驗很明確的告訴你，真的有成千上萬的機器故障就是因為使用者不閱讀使用說明書，想當然機器故障就是因為不當操作而造成的。

為了舉例說明這種「盲目」行為的危害，我冒著被質疑在推銷產品的危險，還是需要介紹一下這種產品——老公。

老公是銷售給達到法定適婚年齡女性的一種暢銷機種。購買者一旦與機器達成購買行為後，就被稱為「老婆」。老公可以幫助老婆排遣孤獨感；增添生活

情趣；分擔家務；甚至有的老公因初期附加功能比較強大，可以讓購買後的老婆不用外出工作，盡情享受生活……毫不誇張的說，如果你是一個女人，一個正常的女人，一個想獲得幸福的女人，老公對於你來說，是不二的選擇（很顯然這是我從公司宣傳手冊上摘錄下來的，因為公司要求所有員工都要在上班前背誦）。

順便需要提到，在銷售該機器前，公司會給購買者示範該老公的各項功能。比如甜言蜜語、溫柔體貼、關懷備至、大方禮貌等等。甚至因為個體差異，蘿蔔青菜各有所好，有的老婆喜歡老公高大的；有的喜歡小眼睛的等等，只要在購買前提出，公司盡可能根據未來老婆的要求量身定做，滿足不同的需求。

買回機器後的老婆認為，老公就該像銷售前示範的那樣一成不變，忽略了機器本身的需求，更不懂得維護和修理，於是出現了故障。有的老婆抱怨老公少言寡語，有的老婆認為老公根本不解風情；還有的老公會出現「工作狂」傾向，不顧及老婆的感受；更嚴重的問題會有老公另外選擇「顧主」──與產品宣傳跟示範大相徑庭，完全背離了幸福的宗旨，簡直就是災難和痛苦的深淵。

　　所以才有老婆選擇拋棄該產品，或者投訴公司的情況層出不窮。

　　這就是不看使用說明書的惡果。

　　當然，還是有不少明智的老婆瞭解了老公的性能，獲得了購買前的初衷。所以，問題並非都出在機器本身，而是使用的正確與否，當然也不排除極少部分的確需要返修的機器。

　　如果你已購買了老公這種產品，卻未能達到幸福的感覺，甚至換了幾次貨也成效見微，或者正打算購買此產品，為確保你的權益，請你仔細閱讀以下的使用說明書。若不按照使用說明而發生問題，本公司一概不負責任。

序 *007*

基本構造篇
老公到底怎麼想

01 沉默的背後 *015*

02 老公不是猜謎專家 *021*

03 髒——是男人的天性嗎？ *029*

04 游出謊言漩渦 *036*

05 愛該怎麼說？怎麼做？ *044*

副作用篇
老公為什麼這樣做

01 花心是該產品的副作用 *053*

02 老公的私房錢 *061*

03 狐朋狗友的問題 *069*

04 不愛回家的老公 *076*

05 第三者不是噩夢的開始，而是結束 *085*

維護篇
老公到底要什麼

01 小女人大心胸 *093*

02 假設他是一家之主 *101*

03 讚美不吃虧 *108*

04 叢林法則的運用 *115*

05 最不該說的就是—離婚 *123*

06 求求你，別講理！ *130*

故障排除篇
相處的技巧

01 關注的眼神能起死回生 *141*

02 以柔克剛 *147*

03 不如閉嘴 *155*

04 肢體接觸的潤滑作用 *163*

05 遇上麻辣婆婆 *170*

額外負荷篇
子女的出現與老公的協調

01 孩子絕對不多餘 *181*

02 應該要求老公與老婆一起分娩嗎？ *188*

03 失寵的老公 *196*

04 好爸爸也需要教育 *203*

05 不用忌諱在孩子面前表達愛 *211*

老公到底怎麼想

基本構造篇

知己知彼,百戰不殆。這句兵法不僅適用在敵我雙方的較量中,
也可以應用於人際交往的各個方面,甚至是夫妻間的關係。
只有你瞭解老公的想法,才能做出明確的判斷,
說該說的,做該做的,而不是哪壺不開提哪壺,
造成誤解的環節被一環一環套牢,成為死結。
我將結合維修的經歷,為你解開心中的謎團,
讓你瞭解老公這種機器的中央處理器是怎樣運作的。

01 沉默的背後

· · · · · · · · · · · · · · · ● ● ● ●

　　王太太這樣描述老公這台故障的機器：「我們結婚十年了，記得當初他追求我的時候，是個妙語連珠的風趣男士。嘴裡連續不斷的趣事笑話時不時的逗我開懷大笑。我就是看中了他的幽默，所以才答應嫁給他。可是沒想到，隨著婚後時間的推移，他變的越來越不愛說話，更別提說笑話了。經常是下班就坐在那裡看報紙，或者把身體埋在沙發裡看球賽，簡直忽視我的存在，我甚至懷疑他已經不愛我了。」

　　李太太對這台機器相對瞭解一些，她是這樣說老公的問題：「我知道他是個比較內向的人，我並不介意他的少言寡語，相反，我認為成熟的男人是應該適當保持沉默，只需在關鍵時刻表達自己的意見。但是，每當我們之間發生爭執的時候，需要他發表意見的時

候，他則選擇迴避性的不說話。每次都感覺我是在唱獨角戲，整件事情好像是與他沒有關係一樣，老公越沉默，我就越生氣，我討厭他這種迴避問題的方式！」

症　狀

老公在老婆面前表現的越來越沉默，或者在爭吵的時候選擇沉默，或者是在用這種「冷暴力」迴避問題，對自己與老婆之間的關係已不再尋求積極的態度。這會讓老婆感到很難受，懷疑老公已經不再愛自己。

症狀分析

為什麼老公會表現出三緘其口的故障呢？

首先使用說明書上對老公的屬性做出了以下的解釋：「老公是一種有別於老婆生理構造的機器，老公的微電腦主要是電路邏輯思維，該思維決定其思考問題和自我修復的時間，更傾向於進行內在調節，而非外在傾訴。」

老婆們請注意，你們是感性思維的生物，你們總願意將喜怒哀樂表現出來，並且一有情緒上的波動就找人傾訴、宣洩。當然，這也就是老婆的「魅力」——

——捉摸不定，變化無窮。但是，切記不要用你們的思維習慣去要求老公這種機器，因為使用說明書上已經寫的清清楚楚，明明白白——老公不喜歡把所有的心事都拿出來當「話題」。遇到問題時，他們更喜歡把問題悶在肚子裡，讓自己逐一地將問題思考清楚，之後再決定是否告訴對方。這種沉默的一面，男人只有在最私密的空間裡才會出現。

瞭解了屬性後，老婆們該對於老公的沉默有了基本的認識了吧！婚前老公可能還比較話多，那是因為要在你面前表現自己，是雄性動物為了吸引雌性動物表現出的正常反應。至於他們在結婚後反而成了悶葫蘆，其實他並非不愛你，而是把你當成了自己人，去掉了偽裝的老公在你面前就是其真正的他。

他不想說話，他不想爭吵，就隨他去吧！

解決方法

除了老公本身的屬性造成的沉默外，還有因老婆的使用不當引起的沉默加劇，以下就是我遇到過的錯誤使用方法：

★尖酸刻薄的刺激：使用者老婆是個有語言天賦

的人，總能在措辭上用老公難以承受的字眼，打擊到老公，刺激到其微弱的神經元。於是，老公的保護機制開始啟動，為了防止再次或多次受到傷害，沒有能力在語言上與之一較高下的老公只好選擇了「閉嘴」。

★沒事找碴的習慣：使用者老婆眼神犀利，喜歡在老公身上玩「找碴遊戲」，老公的每句話在老婆那裡都將成為漏洞百出的笑柄。於是，一向好強的老公為了避免經常性的被嘲笑而選擇棄權。不玩該遊戲的最佳方案就是沉默──我惹不起，也應付不來。

★以攻擊為樂的興趣：使用者老婆具有戰爭領袖的特質，輕易的就能從老公身上找到「導火線」，只要她想爆發戰爭，老公始終就是罪人──欲加之罪，何患無辭？老公作為第三世界國家，哪裡還有發言權？所以，最大限度避免成為替罪羊的好辦法也是──沉默、沉默、再沉默！

當然了，我相信絕大部分的老婆都沒有運用錯誤的使用方法，也瞭解了老公的基本屬性，那麼怎麼樣做才能「撬」開老公的嘴，讓那些結婚前頻頻出現的美妙話語再次傾瀉而出，滿足老婆被人寵愛的感覺呢？

(1)選擇合適的時間：

剛下班回到家的老公肯定是身心疲憊至極。他們只想餵飽肚皮，喝點小酒，再洗個熱水澡放鬆一下。所以，進門就展開「對話」節目，顯然是錯誤的時機。

應該選擇在老公精力恢復的時候，雙方心情都比較平和的情況。比如一起散步、一起泡澡、一起做遊戲，甚至是前戲或愉快的「嘿咻」後，當然，前提是老公還沒有鼾聲四起。

(2)選擇合適的開場白：

我們知道，很多有交際手腕的人想與你搭訕的時候，絕對不會問你最不願意回答的事情，相反，他們會跟你攀談一些常見卻不容易引起對方反感的話題——籍此找到彼此之間的共同點。比如，家人、同學、興趣、工作等。有共同點，是談話進行下去的首要條件。

你想跟老公聊天嗎？你可別一開始就用：「你是怎麼想的？」「孩子成績這麼差，難道你就不擔心嗎？」等直接生硬的話逼迫老公做出回答。

每個老公的喜好都不盡相同，但是要想讓交流順利進行下去，其相同的一點，就是要知道老公最喜歡談論的話題，例如：汽車、足球、政治時事等等，然

後老公就會順著他的思路口若懸河，你再適當的插入你的想法，把話題引入到自己喜歡的事情上，自然而然就達到目的了。

(3)選擇適當的措辭技巧：

每個老公的文化修養不同，對於語言措辭的敏感度也有差異。老婆應當儘量在與老公交流的過程中避開某些絕對化的用辭，畢竟說者無意，聽者有心，時間長了，難免會造成彼此間交流的隔閡。

儘量別在老公身上用以下詞語：你必須、馬上、絕對、一定、保證、大錯特錯等。這會讓他有被命令的感覺。既然是命令，結果只有兩個，要麼拒絕，要麼服從。無論是哪個結果，都會打消他談話的欲望。

最好使用一些含混但充滿曖昧的話語：「我感到有點難過。」「我真的很為你擔心的。」「你這樣說，我似乎不怎麼舒服」等等。

如果你努力嘗試了以上的方法，老公還是有點「遲鈍」，那麼你也別擔心，在他心情不好，不想說話的時候，給他一個理解的微笑，端上一杯熱茶，然後輕輕關上書房的門，讓老公在沉默中自我修復吧！我相信，他雖然沒說什麼，但是心裡一定充滿了對你的感謝。

老公不是猜謎專家

· · · · · · · · · · · · · · · ●

　　Emma屏住呼吸，整張臉都幾乎快貼在櫥窗的玻璃上了。

　　「哇噢！真是太漂亮了！」Emma發出由衷的讚歎聲，她覺得這是她這輩子所見過最可愛的鑽戒，最重要的是鑽石大小適中，不那麼大的俗氣，也不小的拘束。正合她意！

　　「結婚的時候不是給你買過一枚了嗎？當時你也說那個是最漂亮的。」Emma的老公站在她的背後，他搞不懂妻子為什麼結婚後還對這樣的奢侈品產生濃厚的興趣。

　　「我又沒說要買！我只是說它漂亮而已。」Emma的臉慢慢從櫥窗邊移開了，但是視線還是牢牢的停留在鑽戒上。

「不是說出來買衣服的嗎？你為什麼老看這些啊？」老公上前溫柔的拉了拉老婆的手，示意她離開。

「幹什麼啦？我只是看看而已。又怎麼了？你怎麼就這麼掃興啊？」Emma火大了，甩下茫然吃驚的老公，獨自向前頭也不回的走了，只扔下一串氣衝衝的高跟鞋聲，老公楞了一下，趕忙追了上去……

Ada和老公吃完飯，坐在沙發上看電視，電視節目不怎麼精彩，他們之間有一句沒一句的在聊天。

「你看，電視劇裡這個惡毒的女人，跟我們辦公室裡的那個老處女真像！」Ada咬牙切齒的說。

「你是說你的上司嗎？」老公在腦海裡開始過濾參加老婆公司party時候見過的面孔。

「對，上次你見過的那個滿臉皺紋的老巫婆，我們大家都恨死她了！」

「她沒把你怎麼樣吧！我記得你上次還說她在工作中幫過你呢！況且你在她手下工作，總不能老是這樣詆毀她，畢竟別的同事若是聽到，不太好吧！」老公想安撫老婆的憤怒，他覺得如果妻子帶著這種敵對情緒，對人對己可能都不好，辦公室裡需要一些理智。

「哎？我怎麼覺得你是在為她說話，她給了你什

麼好處了？我是你老婆欸，你居然幫外人說話……」Ada沒想到自己的老公竟然一點都不維護自己，她因此而勃然大怒。

「我沒幫她說話啊，我只是……」老公越描越黑，聲音越來越小。他知道今天晚上自己鐵定是要睡書房了。

戴女士心情不佳，在車上跟老公抱怨了一路，剛開始老公還耐心的聽著，後來禁不住插了兩句話。

「如果你對現在的工作覺得不滿意，那麼你可以考慮換個工作環境試試……」

「換個工作？你是說跳槽？你說的倒簡單，你也不想想，在這個行業裡不熬個五、六年，誰能做出成績來？就這麼跳了，去了新公司，還不是要一切重新來過，從零做起？我都已經是這個年紀了，還有幾個五年啊？」戴女士越說聲調越高。

「那你要我怎麼說？我都聽你抱怨這麼久了？給你提出一些建議，你還不耐煩？要麼你就老老實實繼續做下去，要麼你就跳槽，別天天在我耳邊嘮嘮叨叨，你煩不煩啊？」老公憋了一肚子的氣，終於也暴發了，猛的加了一腳油門。

「你，你怎麼這樣不瞭解我啊？」戴女士的眼角開始閃著淚光……

症　狀

老公說話，恰好都是老婆最不願意聽的。要麼在老婆興致勃勃的時候掃興，要麼不站在老婆的立場上說話，在麼就是不設身處地的為老婆著想，惹的老婆不高興，不耐煩，不由自主的流下了淚水。於是不少老婆總覺得自己的老公不體貼，根本就不理解自己。

症狀分析

渴望獲得老公溫柔體貼關懷的老婆們，請你們翻開使用說明書的第二條項說明：「老公的世界是明朗的，他的思考模式是清晰可辨的，尤其在與老婆的溝通對話中，老公是想透過溝通解決問題的。」因此，說老公不理解自己，你就冤枉他了。

仔細讀一讀使用說明書，老婆們就會發現，其實老公不是不想體貼，而是實在摸不清楚老婆的意思。在身為男人的老公看來，你既然找他說話，肯定是想讓他從話語裡幫你分析問題，進而找出解決的方法。

但是，很多時候，我親愛的多愁善感的老婆們，你們有沒有發現，自己其實僅僅是在「抒發感情」，也就是說她只是說說而已，可憐的老公卻錯用了「一身蠻力」，造成了老婆的誤解。

　　Emma只是讚歎鑽戒的美麗，老公錯把讚歎當成了購買的欲望。Ada僅僅是發發牢騷，老公錯把發洩當成了辦公室紛爭。戴女士也不過是講一下工作的鬱悶，老公就錯把抱怨當成了換工作的理由。

　　老婆只是發自內心的表現出對孔雀羽毛的讚美，但驍勇善戰的老公就責無旁貸的衝了上去，殺了孔雀，為老婆獻上華麗的羽毛，老婆非但不感激，反而驚叫一聲「啊！你好殘忍。」然後義無反顧的離開了劊子手老公。

　　老婆感慨，老公為什麼就不懂我的心呢？老公很無辜，老婆到底要我怎麼樣呢？老公不體貼，錯不在老公，也不在老婆，而是老婆的表達方式。

解決方法

　　女人天生就是矛盾的，一方面渴望儘量突現出自己的動人體態，另一方面卻又不希望自己赤裸裸的呈

現在他人面前，對待身材如此，對待心理更甚。於是就有了女人心，海底針的說法。

因為老婆是女人，所以她們喜歡用自己特有的欲蓋彌彰的方式來表達，覺得就是這種「猶抱琵琶半遮面」的效果才是最浪漫的。

既然說的不明不白，還要要求老公要領會其中的精髓，對於男人而言真可謂難上加難，難怪會出現老公不夠體貼的問題──因為老公就像一條電路貫穿始終，哪裡繞得過老婆那顆九拐十八彎的心呢？

伴老婆如伴虎，很多因不夠體貼的問題而造成返修（退貨）的老公如此感慨，因為老公實在搞不清老婆大人的意思，什麼時候該如何應對。

所以對於老婆們來說，要想指揮老公為你所用，就要學會明確的指令：

★感情需求

錯誤指令：

你這週已經是第幾次加班了？

你怎麼還不回家？

你眼裡根本就沒有我！

──老公們誠惶誠恐，覺得老婆在罵他們，於是

反應出或者沉默，或者辯解，甚至吵架、打架……

明確指令：

我好幾天都沒見到你了，有點想你。

我一個人在家有點怕。

我想讓你抱抱我。

——老公們連滾帶爬匍匐在老婆裙下，只差沒把心掏出來讓老婆看看是什麼顏色的。

★生活幫助

錯誤指令：

我是你們家的女傭啊！

真不知道要你有什麼用。

你想累死我啊？

——老公被說的垂頭喪氣，乾脆繼續擺爛下去。

明確指令：你能幫我買菜回來嗎？

幫我整修一下草坪好嗎？

幫我把客廳整理乾淨好嗎？

——老公感到自己被需要了，便會馬上衝鋒陷陣，肝腦塗地在所不惜。

★情緒發洩

錯誤指令：

都是你的錯！

看看你幹的好事。

真後悔當初嫁給了你！

——老公有的莫名其妙，有的無可奈可，也有的捏緊了拳頭……

明確指令：

我希望你能支持我。

我心情不好，你能陪陪我嗎？

我知道錯不在你，可是我心裡真的不好受。

——老公乖乖的坐在老婆身邊，張開雙臂用擁抱和親吻撫慰老婆，幫助她度過鬱悶的低潮期。

對待不那麼浪漫的人，就別讓他半猜半曚地研究你的指令。老婆沒必要壓抑自己的感情，或者改變性格，只要一種明確的表達，不讓老公感到被指責或者搞不清楚方向，就完全可以獲得ＶＩＰ級的體貼服務。

03 髒——是男人的天性嗎？

朱太太覺得自己嫁給了一頭「豬」，而且這頭「豬」曾經用虛假的乾淨蒙混過關，掩蓋了其「骯髒」的本性。

朱太太記得婚前約會的時候，朱先生總是穿著乾淨平整的白色襯衫，頭髮是剛洗過的，身上還散發著薄荷味的沐浴乳味道，所以朱太太覺得朱先生應該是個愛乾淨，而且會幫她分擔家務的新好男人。

但是，結婚後，這位新好男人卻完全變了樣。

朱先生的內衣襪子很少主動更換，除非當天有重要的會議，否則襯衫領子都變色了，他也能視若無睹。

朱太太每天晚上都要督促朱先生洗澡。

「豬，該洗澡了。」朱太太溫柔的催促著。

「等我把報紙看完。」

「還不洗？」朱太太有點不耐煩了。

「等等，我把這個電視看完。」

「都什麼時候了，你要幾點睡覺啊？」朱太太有點生氣了。

「哦！今天累了，就不洗了。」朱先生脫了衣服就上床。

「不洗澡你就別上床！」朱太太忍無可忍。

「好吧！你怎麼這麼囉嗦。」朱先生嘟嘟嚷嚷著悻悻的起身去浴室，然後浴室響起了不情願的嘩嘩水聲……

「你刷牙了嗎？」朱太太正欲接吻的時候從朱先生呼吸中聞到一股腐爛海鮮混著魚腥的臭味道，連忙推開了老公的嘴巴，一臉厭惡。

「你可真不怕麻煩。」朱先生的性趣被澆滅了。

「是你髒好不好？你不洗澡不刷牙，以後就別跟我睡，去睡客廳沙發吧！」

「你這個人有潔癖！」朱先生罵罵咧咧的抱著枕頭離開了臥室。

朱太太獨自躺在床上，思前想後，所有的家務都是自己做，所有的衣服也是自己洗。眼前這連基本的

個人衛生都不願意做的男人讓她傷透了腦筋。衣服之類就罷了，甚至連洗澡刷牙這種再基本不過的個人衛生行為都要讓她喊上無數遍，就算老公不煩，自己都快煩死了，還不如離婚一了百了，圖個清淨！

症　狀

　　老公在外可能衣冠楚楚，回到家中就懶到不行，尤其對於個人衛生，更是不注重，但卻常因老婆的督促，而嫌棄老婆囉嗦、潔癖、婆婆媽媽。對於這種雞毛蒜皮的小事，在老公與老婆之間不斷引起摩擦，破壞了家庭的溫馨和睦。

症狀分析

　　關於老公的衛生狀況，說明書裡是這樣寫的：「老公因產地不同，或外在條件影響，可能在衛生需求上呈現個體差異，請做老婆的使用者按個人需求進行微調。」

　　老婆可能也注意到了，老公不是不愛乾淨，要不然怎麼不曾聽到老公用「邋遢」來讚美其他事物呢？所以，老公不是天生的「臭」男人，而是個人習慣造

成的，也許他以前的老媽把他照顧的太好了，抑或是他單身的時候懶散慣了。

你應該感到欣慰：老公還是知道裝門面的——在談戀愛的時候表現的比較乾淨。至於「髒」，那只不過是結婚後呈現在老婆眼前最真實的一面而已，女性同胞們大可不必感到被欺騙了。

家給人的感覺就是輕鬆，在家裡，自然是人們最放鬆的時候。此刻，愛美的老婆們自己都不會隨時保持光鮮照人了，幹嘛還要求老公時刻衣冠楚楚呢？如果有一天你的老公真的乾淨到拿放大鏡檢查你洗的衣服，恐怕老婆不但會不高興，還會覺得自己的老公真不夠Man吧！

解決方法

雖然老公在家裡不用太注重門面，不過像朱先生那樣連刷牙洗臉都省了，也未免太讓人不悅了。其實，按照本說明書的指示，老婆們只要根據自己的實際需求，對老公進行微調，完全可以讓老公的衛生達到令人滿意的狀態。

需要注意的是，畢竟老公從出生到結婚已經幾十

年了，因此調適的過程不可能一蹴而就，老婆們需要付出更多的耐心和以下幾副「藥方」，請老婆們酌情下藥。

藥方名稱、配方、適用於老公的具體措施及注意事項：

★溫柔藥劑：五分溫柔、三分細心、二分撒嬌。適用於偶爾偷懶的老公，此類老公絕大部分時間還是愛乾淨的，也能分擔一些家務，但是遇到「特殊」情況──回家累了，或者怕麻煩了，也會表現出偷懶的情況。

對待這種老公，老婆完全可以把老公的偷懶看做是撒嬌。老公不願意洗澡，可能是因為天氣太冷，或者實在累了，老婆可以使用「媚計」──鴛鴦浴。

老公不喜歡刷牙，老婆可以每次為他擠好牙膏。

老公不勤換衣服，老婆可以撒嬌：「你的身上都有味道了呢！人家不喜歡喲！」

老公不願意做家務，老婆可以嬌滴滴的抱怨：「你看嘛！我的手越來越粗糙了，我的皮膚也越來越差了呢～～～」

以上方法最好都配合上撒嬌的腔調，嫵媚的動作，

　　如果持續半年老公都沒有進步，則參考下一個藥方。

　　★中性藥劑：五分理性、三分耐心、二分童心。適用於經常偷懶的老公，此類老公可能天生就有大男人主義傾向，認為太愛乾淨了就不像男子漢，或者自覺家務就是女人的。

　　對待此類有認知問題的老公，老婆以說服教育為主。

　　可以義正言辭地告訴老公如果不注意個人衛生，其後果將導致全家人出現衛生健康的隱患，最好能舉出有人感冒，有人出現疾病為例子，讓他瞭解到事態的嚴重性。

　　在家庭內制定明確的家務分配制度，比如老婆做飯，老公洗碗，可能長期不做家務的老公剛開始實行時會做的不盡人意，但老婆沒必要太苛求，給老公一點時間取得進步，不要打擊其積極性。

　　可以半開玩笑的與老公探討一些關於個人衛生和家務勞動的問題，儘量說的通俗易懂，但不能有指責。比如「你長期不洗澡，我可能得準備給你捉跳蚤了哦！」

　　說服教育期間，老婆一定要拿捏好既明確又有耐

心的語氣。如一段時間後見效甚微,則參考最後一個藥方。

★最終藥方:十分狠心。頑固不化的老公,油鹽不進,死不悔改,對於不愛乾淨還能找出種種說辭的老公,老婆們就只能狠下心來了……撒嬌沒用,說服教育也沒用,那就只能用最後一招──以髒制髒。

老公髒,老婆就別跟在他屁股後清理環境,要做到比他更髒才行:他一周不洗澡,你就要做到一個月不洗澡;他不做家務,你也要漠視到小強爬到飯碗裡都不皺一下眉頭……

當然,絕大多數的老婆都很難修煉到此功力,但是其目的就是為了要讓老公自己去感受不愛乾淨的後果,讓他自己看著辦!

本人在此嚴重申明,此藥方不到萬不得已千萬不要輕易使用,所謂殺敵一千自損八百,請老婆們切記!切記!

04 游出謊言漩渦

　　辦公大樓裡的女廁有時候就像是個訴苦中心。

　　「真搞不懂，我老公總喜歡在朋友面前吹牛，明明就是個小職員，偏偏要誇口說跟老闆私交很好，結果朋友找上門來有事相求，推都推不掉，後來還不是自己掏了腰包，才把事情搞定，撒謊有什麼好處啊？到頭來吃虧的還不是他自己。」劉太太說起自己的老公，頭疼的不得了。

　　「你老公這樣還好，起碼他只是跟外人撒謊。你沒看看我那個老公，成天就知道唬弄我，總發誓要給我買這個，買哪個，還說要陪我去普吉島度假。結果呢？這些話從結婚前說到兒子都五歲了，實現過嗎？普吉島？我都快被他氣到太平間裡了！」闊太太一肚子的苦水，唏哩嘩啦的吐了出來。

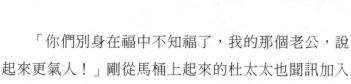

　　「你們別身在福中不知福了，我的那個老公，說起來更氣人！」剛從馬桶上起來的杜太太也聞訊加入了「老婆訴苦中心」。

　　「不會吧！杜先生是醫生，我看他斯斯文文的，不會也是個大話王吧？」劉太太倒是想聽聽這個衣著光鮮年輕的杜太太有些什麼八卦。

　　「別提了！上週末，他在家休息，一個電話打過來說是醫院有急診。我就跟他說，你們醫院沒有你是不是就沒辦法動手術了？他說其他三個醫生都在等他，我想人命關天，就讓他去了。」杜太太一副明事理的樣子。

　　「然後呢？」閩太太問。

　　「然後，我就抱著好奇的心態給他的幾個好朋友打了電話過去，問我家先生是不是在他們家，結果他們三個人都說我老公在他們家裡！」杜太太冷笑一聲。

　　「哈哈……」劉太太和閩太太笑的快岔氣了。

　　「晚上，我老公回來了，我就問他到底去了哪裡，他還是一口咬定去了醫院，我說我給醫院去了電話你沒在那裡，他就改口說是去了朋友家玩麻將，怕我不讓他去才撒謊的。」

「他一定沒去打麻將。」閩太太斷定。

「就是，就是，你不是給他朋友打過電話了嗎？他們都在撒謊。」劉太太幫忙分析。

「對，我知道他在撒謊，所以我已經不相信他了，我要顧私家偵探，讓他們幫我查查，他到底在外面做什麼混賬事情。」杜太太一邊說，一邊從眼裡露出一絲寒意。

劉太太和閩太太看著杜太太堅毅的表情，不由得倒抽了一口冷氣，連忙閉上了嘴，分別帶著自己的心事離開了廁所。

症　狀

老公不但在外面喜歡吹牛，還在家庭裡把老婆當傻瓜騙。自己誇下海口，卻讓老婆幫著擦屁股；亂許諾不兌現傷透了老婆的心；不講真話撒謊成性，讓老婆不禁質疑婚姻的初衷已經被老公的謊言漩渦所吞噬。

夫妻間不需要開誠佈公嗎？有何信任可言？老公還值得信賴嗎？失望之至的老婆開始打起了離婚的主意。

症狀分析

　　使用說明書裡可沒說撒謊是老公的特性，但是有一條深埋在老公思維模式裡的程式可能會幫助老婆們看清楚謊言的「好處」：「說謊會帶來輕鬆，說真話會增添麻煩。」

　　是的，幾乎所有的老公都怕麻煩，當他預感到自己要被麻煩困擾的時候，往往會不由自主的選擇謊言來為自己脫身解套。老公使用各式各樣謊言的目的，無非就是為了要避免老婆因為猜忌和多心而引起的爭執。

　　老婆覺得老公不夠能幹而數落他，於是老公就選擇虛擬一份自己的赫赫戰功，來贏取老婆的崇拜，而且也可以避免從老婆嘴裡冒出「無能」「窩囊」「廢物」等貶義詞。

　　老婆從老公那裡聽不到甜言蜜語而產生抱怨，於是老公就選擇了精神上和物質上的雙重許諾，至於是否能實現，老公簡單的大腦還沒想那麼遠，至少可以用謊話暫時堵住老婆喋喋不休的嘴。

　　老婆要是知道老公丟下自己出去玩樂，老公說了實話，老婆能批准嗎？當然不能！所以老公便要絞盡

腦汁的與老婆鬥智鬥勇，還要拉上哥們做後盾，無非就是為了想出去放鬆一會而已。

所以說，老公的撒謊，有時候真的是被老婆給逼出來的。

老公實在怕麻煩，在老公看來治家如治國，安定團結是王道，不得已的謊言背後其實有著諸多的無奈。

但是，老婆不怕麻煩。她可以像精密的偵測儀器一樣從老公身上找他撒謊的蛛絲馬跡。老婆若是從老公的衣服上找到一根女人的長髮或嗅到了某種不屬於自己的香水味道，她不會認為那根頭髮可能來自公車上的陌生人、那種味道是老公同事不小心蹭到他身上的，而是會像法官審犯人一樣連夜審理此案⋯⋯

如若有一天老婆在老公身上發現不了一根頭髮，老婆就會恍然大悟：「原來老公現在喜歡上了光頭的美女。」

老公在如此愛他如此多疑的老婆面前，根本就沒有實話生存的空間，就算說了，也得老婆願意相信啊！所以，既然真話不好講，那乾脆就撒謊吧！

解決方法

　　其實，說謊的老公不見得能心安理得，因為說了一個謊言可能還需要拿一百個謊言來圓謊，真要把謊話說的巧妙，也是要消耗大量腦力的跟精力的。如果不是萬不得已，他寧願選擇沉默，也不願意對老婆撒謊。

　　所以，老婆要是真希望老公對自己真心實意，還是得從「根」上治理老公撒謊的毛病：

　　★營造真話的氛圍：

　　如果老婆發現老公有「撐場面」吹牛說假話的現象，先別當眾拆穿，給老公留面子。回到家後先反省自己是否對老公的要求有點高，然後逐漸降低這種不切實際的要求。若對方依舊毫無悔改跡象，那麼出現了問題後絕不幫忙，讓老公自己去解決。讓他體會到撒謊所付出的代價。

　　老婆千萬別養成讓老公對自己發誓或許諾的習慣，畢竟愛與不愛，表現在生活的點滴中，而不是說出來的。發誓賭咒的話倒是好說，可許諾後的粗心老公常常將其忘得一乾二淨，他們自然毫無感覺，反而覺得受騙傷心難過的卻是老婆自己。

　　老公如果沒有劣行和前科，提出的要求，比如外出跟朋友同事用餐娛樂，老婆就要酌情批准，只要老公覺得沒必要騙你，他還需要絞盡腦汁來撒謊嗎？

　　★分清謊話的性質：

　　在家庭裡，如果沒有你死我活的敵我爭執，老公大部分的謊言，其性質是善意的。對於這類謊言，老婆沒必要太計較。比如你買了新衣服回來穿給老公看，老公隨口說「漂亮。」你是不是滿心歡喜？但是老公真要是說出實話：「我覺得你穿小了點，你看腰上的肉都擠變型了。」你是不是要跟老公大吵一架？如果是後者，那麼這些小事就足以慢慢讓他養成撒謊的壞習慣。

　　還有，如果老公在工作上遇到很多不順心的事情，你是希望他一五一十的講給你聽，讓你煩惱到睡不著覺，還是願意他輕描淡寫說個「沒什麼」來撒謊，讓你高高興興的呢？

　　只要謊言沒有傷及你們的感情，老婆就要學會裝傻，明察秋毫有時候不如糊里糊塗過的開心，畢竟，如果老公要對你連撒謊都懶的用了，那何嘗不是一種做老婆的悲哀呢？

罰假獎真，步步為營

老婆如果覺得眼裡真容不得一丁點的謊言，那麼就把老公撒的謊趕盡殺絕。不怕麻煩的老婆可以按照以下的方法來做。

★老公只要撒慌，老婆又能拿出真憑實據反駁的話就罰款，實際金額根據家庭經濟狀況內定，從一百到一萬均可。

★老公外出提前跟老婆說了實際情況，或者老公如實上繳了獎金，老婆也別視而不見，論功行賞才能促進其說真話的積極性。

★老公在任何時間、地點所許下的諾言，老婆都要不怕麻煩，用紙記錄下老公的話，而且要簽字畫押（如果是在床上，老婆擔心掃興，還可以準備錄音筆等高科技產品）。

★如果老婆真的擔心老公的誠信，那就別上班，別逛街，別做家務，隨時跟蹤老公，隨時查老公的電話清單，甚至可以安排眼線埋伏在老公身邊，保證能時刻掌握老公行蹤，杜絕他出現撒謊的可能（當然，如果都到了這一步，老婆的良苦用心可能已經沒有愛的成分了吧）。

05 愛該怎麼說？怎麼做？

　　阿姿在老公起伏規律的鼾聲中，起床踢踏著拖鞋去沖涼。天氣真的好熱，雖然冷氣已經調到了二十五度了，但阿姿還是覺得熱，那種熱不全是氣候造成的，而是由內而外散發的，阿姿覺得自己就像是一隻被放在蒸鍋裡快燜熟的大閘蟹，窒息而死。

　　從蓮蓬頭噴灑而出的冷水淋的阿姿全無了睡意，想到在床上沉睡的老公，阿姿就怒從中來，每次看到老公心滿意足的睡去，阿姿都覺得自己像吃了虧一樣，心裡很沮喪。

　　阿姿不是個慾求無度的女人，但隨著結婚生子一系列的生理變化後，男女之事的神祕面紗已經在她面前毫無懸念了。老公的那種來也匆匆，去也匆匆的例行公事，讓阿姿感到自己就是一個工具。老公洩了慾，

就沒有心思去管她的死活了。

俗話說男人是電燈，一拉就亮，一關就滅，可是阿姿是女人，沒辦法做到。

阿姿知道老公在外打拼很辛苦，阿姿也覺得自己不該提出「無理」的要求，畢竟她在老公心目中就是一個賢妻良母，傳統的女人怎麼可能去跟已經筋疲力盡的老公說這些難以啟齒的感受呢？

阿姿冰涼的身體躺在床上，還是感到透不過氣，這樣的日子就是煎熬，她不知道自己能持續到什麼時候，望著窗外泛起的魚肚白，阿姿輕輕的歎了口氣……

Lareina下班路過黛安芬的專賣店，無意間看到打折的消息，於是滿懷期待的走了進去，挑了一件黑色蕾絲邊的胸罩，還配了一條丁字褲，雖然價格沒有想像中那麼便宜，但Lareina還是瀟灑的刷了卡，嘴角帶著一抹笑容回到了家。

平時，Lareina在生活上精打細算，也不失為一個會理財的好太太，但是今天是屬於特殊情況——她與老公的結婚紀念日。

Lareina與老公結婚二年多了，最初的「性」致勃勃已經被繁忙的工作，瑣碎的生活給沖淡，連激情也

被稀釋了。細細想來，老公自從被升職後，已經近一個月沒交「功課」了。她想藉著這個紀念日好好的跟老公來個「鴛鴦戲水」。

「先生要不要服務啊？」Lareina嬌羞的依靠在臥室門框上，向已經躺在床上的老公發出了邀請。

「哦？我覺得你還是穿白色好看……唔，今天不行，剛才喝多了，我現在頭痛……」老公應酬回來，沒有遭到老婆的責罵，已經感恩戴德，只想睡覺。

「你知道今天什麼日子嗎？」Lareina坐在床邊搖晃著老公醉醺醺的腦袋，俗話說酒壯色膽，她想酒後的老公應該更狂野才是。

「你的生日？等我這陣子忙完，再給你補償。」老公搖搖晃晃的起身發誓，然後像爛泥一樣癱倒在床上，沒有了聲氣，任憑Lareina百般挑逗，也沒有一點反應。

Lareina像遭受了奇恥大辱一般，一腳把死豬一樣的老公踹下床，用力扯下還帶著香水味的內衣，然後找來剪刀把內衣剪成了碎布片……她覺得老公一定是在外面有了女人，所以才對自己不感興趣，她打算從明天開始，不准老公再上床，然後徹底清查老公的行

蹤，找出那個狐狸精！

症　　狀

平淡的婚姻生活不痛不癢，但是老婆對老公床上的表現卻越來越失望。

有的老公在床上只顧自己爽，不顧老婆的感受，讓老婆覺得只「快」，沒「感」；有的老婆有需求的時候，恰好遇到老公的低潮，於是挫折後的老婆懷疑老公有了外遇。可怕的是這種懷疑往往會形成惡性循環：老婆懷疑──老公焦慮──於是更加懷疑──導致老公更加焦慮……

症狀分析

說明書裡明確指出：「除了是個別先天有問題的老公外，絕大部分老公的性功能都是健全的，如果正確使用，都能滿足老婆，且增加老婆對婚姻的滿意度。」

老婆們可能會大呼冤枉，我們既要賺錢養家替老公分擔經濟，還要包攬家務減輕老公額外的負擔，而且還要端上好吃好喝的伺候，為什麼老公還不能做到

在床上讓老婆滿意呢？

　　老婆大人們，請稍安勿躁，繼續往下讀說明書：「老公的腦子裡對性的認識=食色性也。」

　　這是什麼意思呢？這就是說，老公是一種目的性很強的生物，在他看來，性和吃東西，沒太大的區別，餓了就吃，有慾望了就做，一切不過是生理本能而已。

　　舉個簡單的例子：老婆辛辛苦做了飯端給老公吃，老公自然狼吞虎嚥，吃完了擦嘴走人，絕不會想到老婆千辛萬苦就等一句老公的讚美。

　　在性生活上也一樣，老婆配合老公是因為愛，而老公獸性來了，僅僅想到發洩了就休息，哪裡知道身邊的女人屬「電熨斗」——好不容易預熱燙了，卻很難涼下來。

　　所以，目的不一樣，老婆總覺得自己吃虧，老公還不知道哪裡做的不對，又得罪了老婆。

解決方法

　　性愛功能不是老婆看上老公的唯一考核項目，但卻是婚姻品質好壞不可或缺的參考指標。無性婚姻不一定就不幸福，但是美滿的婚姻如果沒有和諧的性生

活，就不能不視為一種缺憾。

所以，在性愛問題上，老婆與其跟老公爭吵，或者傻等老公自覺自悟，不如告訴老公你的需求，然後與他同登極樂。

鑒於很多老婆對於老公性功能的錯誤使用，本說明書對於老公的該項目使用說明，進行了詳細的闡述，希望老婆們能找到「性福」：

★告訴他：老公有時候就像自以為是的加菲貓，非常的自戀，他並不知道老婆的真正需要，除非他已經閱人無數，累積了豐富的經驗，所以你的老公如果在床上不怎麼懂得討好你，你應該感到高興，起碼他是「純潔」的。接下來，老婆就要找機會告訴老公，自己喜歡什麼樣的方式，什麼樣的前戲，做愛後不喜歡被冷落等等。都什麼年代了？老婆們要是還固執地認為這種事情羞於啟齒，那就自食其果吧！

★協調方案：每個人的生理週期都不一樣，別認為老公隨時都可能性致勃勃，因為他也有情緒低落的時候，也有提不起精神的時候。或者是因為在工作上遇到了問題，也可能是工作中出現了挫折，甚至他熱愛的球隊輸了球，都有可能造成老公的性趣索然，所

以這個時候，如果老婆真的有慾望，也別去強迫老公。老婆自己都有不舒服的生理週期了，也應該能體會老公的情緒低潮吧！

★擴展空間：如果你和老公的娛樂每次都是在睡覺前，臥室的床上，擺出傳教士的姿勢，那麼無論你們結婚已經有多久了，希望你們最好都改一改。經濟學上常說的「負效益」一定會在這種一成不變的固定模式中顯現出來。誰不喜歡新奇？大膽說出你的性幻想，然後再聽聽老公的性幻想，最後可以在安全的前提下嘗試不同戰場帶來的新鮮刺激。

★輔助功能的使用：一定要上床真槍實彈的做，才算是性愛嗎？不一定，比如老婆跟老公之間互相的撫摸、讚美、情話等，也能讓雙方感受到愛意，甚至不懷好意的撫摸也能刺激雙方之間的興趣。所以沒有精力上床的時候，就多用用這些輔助性愛功能吧！

★修復功能的使用：你們也許已經有一段很長的時間沒有過夫妻生活了，彼此之間似乎已經沒有興趣了。那麼請注意，老公是有修復功能的，老婆自己可以先改變一下髮型或者穿著，或者與老公相約到沒去過的餐廳用餐，還可以計畫一次雙人旅行。換了環境

老公的修復功能就會被啟動，接下來老婆就盡情享受吧！

★避免錯誤的用法：無論老公是不是在性功能上讓老婆滿意，老婆都該杜絕使用以下的方法

①性懲罰。老公犯了錯誤，老婆就用禁慾來懲罰。

②傷害尊嚴。在床上老公如果表現不理想，老婆就在言辭或身體上對老公進行打擊。

③口味太重的刺激。老公喜歡刺激沒錯，但忌諱老婆在沒有溝通的前提下以及不知道老公喜好的情況下，買來太誇張的情趣用品，這非但不能讓老公興趣大增，反而有可能造成勃起不能。

④過度或強迫。老婆不顧及老公的身體情況，進行無止境的索取或霸王硬上弓，殺雞取卵。

老公為什麼這樣做

副作用篇

老婆需要老公，是為了增添生活樂趣的，
但是很多結婚後的老婆大呼上當——老公根本不像宣傳上說的那麼
好，而且淨幹些讓老婆生氣甚至髮指的事情來——
花心、吝嗇、交往不三不四的人、不愛回家、招蜂引蝶……
老公為什麼要這麼做？老婆想不明白，
為什麼看起來不錯的男人，結婚後就變成另外一張嘴臉。
其實，萬事萬物都在變化，老婆跟老公之間也有著一個
動態的平衡，婚後老公的變化，
不能不說是跟老婆這個使用者有著密不可分的關係。

01 花心是該產品的副作用

· · · · · · · · · · · · · · · · · ●

阿薇再婚，所以選擇老公的時候格外的注意，她可不想重蹈覆轍。看上阿文，主要是相中了他的人品，而絕對不是地位和財富。

阿文在工作中是阿薇的上司，所以阿薇清楚他是怎樣的一個人。工作上的阿文勤勤懇懇，阿薇看在眼裡；生活中的阿文細心周到，阿薇是記在心裡最重要的一點，阿文跟前妻離婚，主要是前妻去了國外甩了他，而不是他的錯。所以阿文也是個專一的好男人，只是遇到了壞女人而已。

所以，兩顆受傷的心很快就擦出了火花。

夫妻倆白天一起上班，忙裡偷閒打情罵俏，晚上一起回家，如膠似漆。

阿薇這種只羨鴛鴦不羨仙的生活還沒過夠，就遇

到了前所未有的困惑。

有一天早上阿薇在阿文的辦公桌上發現了一杯香濃的奶茶，而奶茶並不是老婆阿薇準備的。出去應酬的時候，幫阿文擋酒的美女總是層出不窮。

有次阿文帶著阿薇和其他幾個同事出差，飯桌上阿文剛拿出香菸，就同時冒出Ｎ個打火機為他點菸，惹的對方經理酸酸的說，你們經理好受女人歡迎啊！

為了阿文的面子，阿薇忍了，回家後質問阿文是不是趁自己不在的時候，同別的女下屬打情罵俏，阿文卻矢口否認。

「她們都只是我的屬下，屬下跟上司獻殷勤很正常啦！你別放在心上。」阿文說的輕描淡寫，但阿薇還是看的出來阿文嘴角有抹不去的得意。

「什麼意思？明明知道我是你老婆，她們簡直是不把我放在眼裡！」阿薇既惱火那些投懷送抱的女人，更氣憤老公沾沾自喜的態度。

「你別小心眼了，只不過是她們纏著我而已，你才是皇后娘娘。」阿文半開玩笑的說。

「皇后娘娘」，這個詞用在自己身上，阿薇一點都不覺得高興。然而她也知道，這種辦公室裡的曖昧，

沒有真憑實據，也說不出阿文的不是來，怕是逼的急了，倒顯得自己氣度小，無理取鬧，但是這種四面楚歌的感覺讓她心裡有說不出的難受，老公為什麼就不能顧及一下自己老婆的感受呢？

症　狀

老婆，還是別人的好。這恐怕是很多男人的真實心理。婚後的他們眼睛總盯在別人老婆的身上，要麼主動招蜂引蝶，要麼對於爛桃花自鳴得意。

婚前忠誠的誓言成了一句屁話，老公的花心，讓老婆傷透了心。雖然老公的花心可能還沒有變質為既成事實，可擔驚受怕的日子老婆可不想過。

症狀分析

不能否認，製造老公的工程師在安裝程式的時候，就為老公植入了「喜歡異性」的選項，目的無非是想讓老公親近未來的老婆，但是未曾料到，這種功能導致了老公婚後還對其他異性依然相容。

所以，請各位老婆要格外注意：老公的花心是一個不能忽視，但無法改變的「副作用」。

　　無論婚前老公如何發毒誓，說什麼今生只愛老婆一人，老婆都別相信。因為老公天生就是花心的。有的老公會盯著大街上的美女流口水；有的老公會看著報刊上、電影裡、電視裡的美女產生幻想；有的老公會跟以前的同學、現在的同事、線上的網友大搞曖昧，暗送秋波；有的老公甚至放著家裡的嬌妻不顧，拜倒在熟女或者幼齒的裙下……

　　老婆除了感到被欺騙，心裡感到噁心外，似乎只有離婚一途可走了？

　　但是離婚後又能如何？只要是男人，就可能會花心。所以，除非終身不嫁，否則真難不遇到不花心的老公。

　　那麼，是不是老婆就別無選擇了呢？

　　任何事物都是雙刃劍，老公有討好老婆吸引老婆的一面，就必然有向其他異性放電的副作用，但只要副作用不超過主要功能，老公還是能最大限度的為老婆所用的。

　　老婆只要用好老公的主要功能，盡可能降低其副作用，就完全可以沒有煩惱的享受幸福婚姻了。

解決方法

老婆在咒罵老公花心大蘿蔔之前，要先想想是否因為自己的某些不當言行，造成了老公的副作用加劇：

★關注降低：結婚後，老婆對老公的關注越來越被其他事物分散了，工作、家務、孩子等等，都讓老婆忽略了身邊還有一個更需要呵護的大寶寶——老公。老婆沒有時間跟精力與老公卿卿我我，於是，在家得不到關心的老公開始到外面找野花野草彌補失落。

★空間不夠：老公跟老婆白天是同事，晚上是同床，夫妻間沒有一點喘氣的空間，也失去了對彼此的神祕感。請想想，同事情侶之間，要給對方製造一點浪漫是多麼的困難？於是老公開始從其他外人身上尋找夢寐以求的「神祕感」去了。

★指責過多：老婆恨鐵不成鋼，教育老公該如何如何上進，如何如何努力，老公表面上是大人，其實內心還像個孩子，說教的多了，指責的多了，難保老公不起叛逆心理，故意找點桃花來氣老婆——你不是說我無能嗎？你不是說除了你瞎眼，沒有人會看得上我的嗎？你看我還是很受歡迎的哦！

★生活平淡：日久生情，但是日久也生疲。婚姻生活久了，老公與老婆之間也沒有什麼激情了，別說是老公悶的發慌，就連老婆自己可能都會耐不住乏味的感覺，紅杏悄悄探出牆。所以老公想搞點婚外情，或者只是意淫，也都是人之常情。如果老婆繼續湊合著過日子，老公鐵定會出軌。

如果老婆既溫柔賢慧，又善解人意，還知書達理，卻還有不知死活的花心老公蠢蠢欲動，那麼就請老婆奮力反擊。對付花心老公依花心級別分析策略推薦必殺技：

推薦理由——初級：有賊心沒賊膽。這種老公，雖然有花心的副作用，但是一般僅限於意淫，就是想想而已，思想犯罪不是犯罪，老婆們不必緊張，只要適當調教，不讓老公有行動的空間即可。

★欲擒故縱：老公喜歡美女，老婆也要投其所好，跟老公一起對著美女流口水，老公就全然沒了「偷窺」的樂趣。

★詐降：老公跟人玩曖昧，老婆就裝做很受傷，很可憐，最好再來點梨花帶雨。在一般情況下，沒有賊膽的老公，不敢招惹老婆，所以老婆可以盡情使用

各種明招陰謀，只要把花心扼殺在搖籃裡，老公就只能沒事偷著意淫，絕對不敢挑戰老婆的忍耐力，老婆也沒必要太計較，就當做是老公的精神娛樂法吧！

中級：有賊膽。這種老公往往有點小錢有點地位或者有點「姿色」，所以才有了去搞豔遇的資本，有了資本膽子自然就大了，偶爾弄出點事情讓老婆頭疼不已，傷心欲絕。

★圍魏救趙：老公非常愛面子，你掌握了他的罩門，不用四處散佈消息，只需讓他知道你手裡拿著他的短處，一般老公不敢輕舉妄動。

★釜底抽薪：老公有了錢不一定會變壞，但是有了變壞的跡象，就必須把資產收歸「國有」，我就不信有哪個美女還認為那個禿頂了，口袋裡沒有鈔票的老東西有魅力。因為老公有花心的副作用，因此一旦有了合適的土壤和水分，這種蠢蠢欲動就會開始發芽結果，所以老婆大人就要「打壓」環境。但是如果老公僅僅只有一次出現了「不留神」，老婆就不要趕盡殺絕，亡羊補牢為時還不晚。

高級：慣犯。這種老公要麼明目張膽，要麼陽奉陰違，反正是花心成了習慣了。

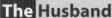
老公❶❻❶
使用說明書

★掃地出門：該轉移的財產轉移，該諮詢律師的諮詢，老婆先別掉眼淚，大吐苦水，先把該歸自己的利益拿到手再說。副作用大過了主要功能，就有必要換人了。三條腿的蛤蟆不好找，兩條腿的花心老公不值得留戀。別相信什麼浪子回頭金不換，老婆一旦發現老公一而再，再而三的花，就讓他淨身出戶，老婆要麼重新換個更年輕更英俊的老公，要麼讓自己過的更精彩，反正虧誰也別虧自己。

02 老公的私房錢

週末王先生去加班了，王太太在家百般無聊，於是想從書櫃裡找本閒書來消磨時光，也算是個高雅的消遣。

王太太沖了一壺上好的西湖龍井，信手從書架上抽出《資治通鑒》，這書平時王太太是從來不看的，今天卻像中了邪般把這本書給翻開了，翻開了書頁後，竟然掉下一本存摺，一頁頁張牙舞爪、面目猙獰的銀行存摺。

王太太用顫抖的雙手，翻開存摺，裡面的數目雖不多但也不少，顯然這就是傳說中的私房錢。王先生何時也有了這種小女人小家子的嗜好？王太太真後悔看到這本存摺，因為它的存在和出現，讓王太太對王先生的信任一下就土崩瓦解了。

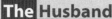
　　王先生為什麼背著自己存這筆錢呢？王先生除了有私房錢之外還有什麼瞞著她呢？王先生存錢是要做什麼呢？王先生是不是一開始就在欺騙她呢⋯⋯

　　王先生下班回到家，看到老婆鐵青著一張臉，真不知道發生了什麼事情，因此他格外小心翼翼；王太太揣著這個祕密，再看老公一臉天真茫然，頓時覺得王先生就是個道貌岸然的偽君子⋯⋯

　　最近，Blanche越想越覺得老公很奇怪。

　　老公兩個月前吵著要給家裡添套音響，Blanche可不想讓喜歡搖滾樂的丈夫，把鄰居們都搞得精神衰弱，於是不同意這件事，也沒撥出財政預算。

　　沒想到的是，老公很快就抱回一套超級豪華的音響，說是公司送的獎勵品。Blanche雖然心裡覺得不怎麼高興，但是因為東西是免費的也就不好再說什麼。

　　老公前一陣子釣魚設備出現了故障，跟Blanche要錢想更新換代買釣竿，一開口就是幾千塊錢。我的媽呀！Blanche認為老公給自己買衣服都沒這麼爽快，老公竟然為了釣幾條小魚而花上一大筆錢。Blanche連忙說家庭財政預算吃緊，讓他湊合著用，搪塞了過去。

　　無巧不成書，老公這邊沒要到錢，那邊就有魚友

淘汰了一套價格不菲的漁具給他，是Blanche在整理庫房的時候發現的，老公直誇自己的哥兒們夠意思，沒注意到老婆那張半信半疑的臉。

一次，兩次，三次⋯⋯

且不說老公的公司真就那麼「善解人意」，也不細想那些突然冒出來的錢多的沒處花的朋友，就說著老公隨時隨地的「心想事成」，的確讓Blanche心裡湧出無數個問號。

經過一番詳密的深思熟慮後，Blanche得出了一條驚人的結論──老公一定背著她存了一筆私房錢，而且數目可觀！

但只是有了推斷沒有證據，Blanche卻不知道怎麼開口跟老公攤牌，畢竟每個月的薪水老公都是如數奉上，年底的獎金也是全額繳交，要真撕破了臉跟老公說私房錢，會不會顯得自己太窮兇極惡了一點？

問了，怕傷了感情；不問，又總覺得自己不服氣，在兩難之間Blanche不知道該如何選擇。

症　狀

老公一方面努力賺錢貼補家用，薪水獎金乖乖繳交，但是另一方面公私分明，交了國家的，留下自己的，兢兢業業膽戰心驚的經營著自己的小金庫，金額大小不是問題，但其性質惡劣，嚴重影響到了家庭內部的和諧，尤其是置老婆大人作為財政部長的尊嚴於不顧！

症狀分析

科學研究人員也想根治老公存私房錢這種弊端，於是經過了大量的調查研究，結果顯示，一般老婆作為財政部長的家庭才會出現老公藏有私房錢。比如夫妻經濟各自獨立的家庭結構和老公掌權的家庭，男人都沒有出現過私房錢一說。當然，這並不意味著後者中就不會有私房錢。只是私房錢肯定不是男人的。

老公也是人，是人就需要有一點掌控權，尤其是在當今社會，錢是尊嚴的後盾，於是老公為了自己一點可憐的尊嚴，不得已才存了點私房錢。

但凡是當了老公的男人，都少不了一點嗜好，或是享受吞雲吐霧，或是貪戀杯中之物，也難免不跟朋

友三五小聚。錢都上繳了國庫，老公只好低眉順眼的向老婆要「社交」錢，這錢交的時候容易，要拿出來可就難了，三番五次的審查不說，還要翻出陳穀子爛芝麻的嘮叨，天生怕麻煩的老公光是想著就頭痛，於是悄悄的神不知鬼不覺的給自己存點錢，這也無非是省了「審批」的程序。

有哪個老公願意在朋友面前吃了飯不掏錢的？有哪個老公甘心請人喝上一杯，還要聽老婆數落的？有哪個老公不想讓自己在外面顯得瀟灑一點的？

所以說，老公私房錢的存在是合理的，尤其是遇到奉行「你的就是我的，我的還是我的」的財政部長老婆，更是讓他們堅定了「擁有小金庫，生活逐漸富」的信念。

解決方法

老婆們擔心的不是老公存錢，而是瞞著自己存錢另有圖謀。

所謂男人一有錢就變壞，飽暖思淫欲。所以老婆既要正視老公私房錢的合理性，又要進行合理的掌控，以下就是女財政部長需要歷練的智慧：

★一切盡在掌控中：肥水不落外人田，只要老公存的私房錢不會破壞家庭安定團結的，就沒必要趕盡殺絕，留點金錢空間給老公，不失為上上之策。老婆尊重老公，還怕老公不服服貼貼，說不定他存錢是為了給你一個生日驚喜也難說。但是，老公手裡大概有多少私房錢，老婆可千萬不能糊塗，比如收繳薪資的時候順便也看看薪資清單，在老公大談事業的時候，趁著老公盲目自信的時機，老婆可在讚美之餘探聽一下獎金的數目等等，老婆只要做到對老公的私房錢心中有數，還怕老公會變出什麼把戲來？

★適當放寬政策：如果老公連買菸、買酒、坐車都要向老婆大人開口的話，做老婆的可能要反省一下了，是不是太嚴苛了？哪個老婆希望自己的老公在外面捉襟見肘，露出窮酸相？不要激化矛盾的最好辦法就是「疏導」──與其讓老公不得已存錢，不如大大方方給他身上留點錢，也是給老婆自己留面子嘛！

★得了便宜，就賣賣乖：老公為家裡掙錢那是責任也是不可推卸的，但是老婆別把這種「上繳」行為看成是自己的「天授神權」，在適當的時候還是要表現出一點「仁愛」之心，「體恤」之情，比如老公交

了薪水，老婆就該為老公做頓大餐，老公交了獎金，老婆就更要大加讚賞老公的能幹云云，讓老公交的心甘情願。還有「剝削」也要講究技巧，說不定老公為了從老婆哪裡得到更大的「獎賞」，連忙把以前存的小金庫搬出來負「金」請罪……

★奪寶奇兵的遊戲：老婆可能已經發現了老公的「祕密」，但別忙著拆穿他的小伎倆。老公有時候也像孩子，不少存私房錢的老公也不是想用這錢做什麼壞事，而只是像個頑童般對「偷偷摸摸」的感覺上了癮，做老婆的大可以藉此跟他玩貓捉老鼠的遊戲。他藏，你找，找到了就算你的，是不是很好玩呢？老婆有時候應該站在一旁默默的欣賞老公的小把戲，而不是走過去拆穿他。如果老婆抱著投入遊戲的心態來看待老公的私房錢，那麼私房錢不但不會影響夫妻間的感情，還會為平淡的生活注入一股新鮮刺激的空氣。

沒有不存私房錢的老公，只有還沒被老婆發現的私房錢，所以在此奉送給老婆一些老公藏私房錢的地點，各位老婆們請開始動腦筋找「寶貝」吧！

私房錢尋寶圖破綻線索1：辦公室失竊後，老公表現異常，比自己掉了東西都難過。老公身上有一串不

離身的辦公室抽屜的鑰匙。藏寶地點：辦公室私人抽屜。

破綻線索2：老公特別喜歡看枯燥無味的專業書，或者買一些大辭典回來又不看。家人的生日、電話號碼、門牌號等，都可能成為藏寶書頁的密碼或者線索。藏寶地點：書櫃、書頁內。

破綻線索3：老公平時不愛乾淨，但是整理雜物間的時候特別勤快，搶著拿走老婆手裡的掃把。雜物間內有亂七八糟的雜物，或者是爛襪子，或者是破了的鞋。藏寶地點：雜物間的某個不知名容器內。

破綻線索4：沒錢卻喜歡經常出去找哥們鬼混。老公的死黨與他無話不說。藏寶地點：存摺可能在朋友手裡。

03 狐朋狗友的問題

文怡變成姚太太的第三天，就遇到了最讓她不舒服的事情。

沒結婚前，文怡就看出了男朋友喜歡跟同事朋友出去「鬼混」，有時候是打牌，有時候是吃飯喝酒，有些時候是一些生意上的往來。當時文怡以女友的身份也參加過幾次，她總覺得這種聚會無非就是男人們之間喝酒吹牛，一點意思都沒有，因此再也不想去了。

婚前姚先生還信誓旦旦的說，只要結了婚，他就要按時下班回家伺候老婆，不再跟狐朋狗友鬼混。結果，這才結婚第三天，碰巧又是姚先生的生日，姚太太正在廚房裡忙碌著，接到姚先生的電話。

「今天，晚上，我不回來吃飯了。」姚先生一字一頓的說。

　　「有沒有搞錯？今天是你生日！我們才結婚第三天……」姚太太一邊接著電話，一邊揮舞著手裡的菜刀。

　　「今天他們給我過生日，明天我再回來讓你幫我過好不好？」姚先生口氣軟了下來。

　　「好，那我就跟你一起去！」姚太太心想要當場教育一下這幫慫恿老公不回家的「敗類」。

　　「不行啊！親愛的，他們說好了都不帶家眷的，我怎麼好帶你呢？」姚先生說明情況。

　　「那說好，十二點前不回來，我就鎖門，你就去你朋友家住吧！」姚太太還沒等老公道別就不悅的掛了電話。

　　放下電話，姚太太倍感委屈的哭了，她沒有想到蜜月還沒過完，自己就被老公給「拋棄」了，她想不明白，自己在老公的心目中竟比不上那些滿嘴只懂得講成人笑話的狐朋狗友來的重要。

　　姚太太猛然想起，以前老公跟自己講過這些朋友裡面，有人還會背著老婆在外面亂搞，他們會不會把姚先生帶壞？為什麼不能帶家眷？是不是早有預謀？姚太太越想越覺得恐怖，後悔自己剛才沒問清楚，他

們在哪裡辦生日party。

可是，連撥了數遍，姚先生的電話就是打不通，姚太太越來越焦急，坐立不安……

症　狀

老公經常拋下老婆，跟狐朋狗友三天一小聚，五天一大聚，吃飯喝酒打牌。老公的朋友裡有老婆最看不慣的，看不起的人，但是無論老婆如何苦口婆心，發狠鎖門……都阻止不了老公想整日與這些人混在一起。

老婆害怕老公跟著這些不三不四的人學壞，老婆擔心老公跟這些酒肉朋友在一起變的消極頹廢，但是老婆說多了，老公不但不聽，還要發脾氣——老婆也未免管的太多了。於是乎，本來關係甚篤的老公和老婆之間，卻因朋友這個外人的問題，鬧的不可開交。

症狀分析

俗話說同性排斥，異性相吸，但是為什麼原本應該見色忘友的男人，一旦有了家室就變的見友忘色，寧可背著被老婆數落的罪過，也要跟朋友廝混？

　　老婆大人請息怒，先別急著數落老公的種種罪狀，咱們首先想想老婆自己是不是也有那麼幾個死黨閨中密友，閒暇得空的時候好一起逛街血拼、聊八卦？老婆都有朋友，怎麼能讓老公沒有朋友呢？再說了，老婆是老公娶回家疼的，老公遇到煩心事的時候是不是也不能總把老婆這個寶貝當垃圾桶呢？

　　所以說，老公有那麼幾個可以喝酒聊天的狐朋狗友，也是情理之中的事情，有些話題是屬於男人之間的Men's Talk，老婆們就別太自私了，只有自己可以找朋友聊天，卻不准老公找朋友疏通疏通心情。

　　有的老婆會說，沒讓老公不交朋友啊！但是老公的朋友為什麼看起來都不順眼呢？

　　不順眼就對了！這證明老公的社會相容性強，能結交社會上的三教九流，才是真英雄本色也。老婆們最好別用女人的眼光去評判男人之間的關係，省得你氣的半死，老公還不領情。

　　有的老婆又說了，不是不讓他交朋友，也不管他跟誰交朋友，但是老公為什麼總拋下老婆不管呢？此時老婆感到不舒服的就是這種對老公的失控感，其實老婆們只要把前面兩個問題想清楚了，老公無非就是

老婆手裡的風箏，飛的再高，線不還是在老婆大人手裡嗎？他們只不過是想在合理的範圍內放縱一下，畢竟有了老婆在身邊，酒喝的不痛快，菸也抽得不爽快——畢竟有人在身邊盯著。

既然跑不了，不妨由他去吧！

解決方法

老公可以交朋友，而且可以跟任何人交朋友，老公也可以徹夜不歸……但是這一切，老婆大人一定要做到運籌帷幄，決勝於千里之外，也就是說，老公好比孫悟空，翻來翻去也翻不過老婆的五指山。

以下就是一些策略，保證讓老婆對老公的交友問題瞭若指掌，且能「化敵為友」。

先擬出狐朋狗友的分類及應對策略，還有朋友等級危險指數及策略實施方案。

★死黨

不分你我的死黨是跟著老公一起光屁股長大的朋友，這種朋友跟老公的關係可以說比你都親，所以你要想讓老公跟他們斷交，基本上是不可能的。

而且這些朋友對老公的影響重大，所以老婆在他

們面前要表現出非常的友好，才能讓老公在朋友面前有面子，就算老公有「異心」的時候，這些死黨還會幫你說話「你老婆人很好，你可別做出對不起她的事。」「兄弟，你還是早點回家，別讓你老婆等久了。」

老婆不妨有空的時候在家做飯邀請這些死黨來，讓他們有賓至如歸的感覺，然後他們就會心甘情願的透露出你老公身上你所不知道的「祕密」。

★同事

建立同盟老公喜歡跟同事下班後去喝酒，無非是一起罵罵老闆，發發牢騷，是幫你分散煩惱的好事。所以老婆別排斥這種同事朋友，因為他們可能是你老公事業上的有利武器。

老婆可以在同事聯歡的時候，多結交老公同事的老婆，結成太太陣營，既可以互通老公的消息，也可以排遣老公有時候不在的寂寞，同時還能杜絕老公謊報軍情的機會。

★生意夥伴

縱橫捭闔老公要發財，就不得不跟生意夥伴有應酬，陪吃陪喝加陪玩，其實老公不見得就喜歡這種交友的方式，但是人在江湖，身不由己。作為老婆的就

要多理解，同時有機會的時候不妨也在酒桌飯局的間隙，與這種朋友談天說地，顯示出老婆的「大家風範」，就算這種朋友有帶壞老公的心思，想著有個見多識廣的厲害老婆坐鎮，也就不敢造次了。

★紅顏知己

雙面間諜老公有紅顏知己，或是以前的老情人，或是新結交的「妹妹」，都是老婆的心頭大患。老婆大可不必撕破臉找老公鬧，先找紅顏知己說理，否則正好給人落下「潑婦」、「母老虎」、「黃臉婆」的口實，正中了某些不軌之人的下懷。

聰明的老婆應該打心眼裡明白，自己才是老公真正的紅顏知己，一方面表示出大度，一方面可以做出「正房」的威嚴。邀請紅顏一起吃飯，投其所好送點小禮物，跟紅顏交朋友，然後就可以順帶也跟紅顏抱怨抱怨，老公在家不愛乾淨，又懶的壞毛病……

時間久了，紅顏就成了你的紅顏，老公呢？還是你的老公。

04 不愛回家的老公

傍晚時分的空氣是匆忙的，無數從辦公室傾巢出動如工蜂的人潮，一下子就堵塞了交通，大家都下了班，急忙往家的方向衝去。

一個穿灰色西裝的中年男人，在人群中顯得很特別，他慢慢的，悠然的，像散步一樣的走進辦公大樓對面的咖啡館，拿了份雜誌，找了個角落坐下，服務生一看是他，問都沒問，就直接給了一杯卡布奇諾咖啡。

這個中年男人不是咖啡館的老闆，而是這裡的老主顧，每天晚上下班的時候，他都會來這裡，坐同樣的位置，點同樣的咖啡，然後消磨掉幾個小時，再起身回家。

咖啡端上來的時候，中年男人接了個電話。

「是的，我在外面談生意，可能回來的比較晚，不用等我，麻煩給我留點剩飯，你知道的，這種應酬一般是吃不飽的，謝謝。」男人氣定神閑的，禮貌的撒謊。他身邊除了服務生，根本沒有談生意的人，所謂的飯局也只是一杯咖啡。

中年男人放下手機，輕輕舒了一口氣，喝了一杯清水，然後旁若無人的默默品嘗起咖啡。他知道自己在做什麼，也明白自己撒謊的苦衷，如果現在不在這裡花錢買份清靜，可能回到家，除了能按時吃上飯，的確再也沒有什麼好處了，老婆會抱怨物價、會數落孩子、會罵天罵地，最後毫無例外的把矛頭落在他的身上——歸根究底正是因為他的無能，才導致了老婆的諸多不滿。

有什麼不滿意的？中年男人覺得自己已經夠努力了，起碼房子的貸款都還完了，孩子上的是貴族學校，老婆可以開著轎車去購物……女人的欲望可真是個無底洞啊！

也許生活就是眼前的咖啡，苦澀只是暫時的，起碼喝完咖啡回家，老婆就沒精力再嘮叨了，吃完剩飯，男人就可以睡的心安理得了。

「他從結婚到現在，有哪一次是下班後馬上回家的？就算是休假，還不是出去釣魚、賭馬，什麼時候在家陪過我？」安在電話裡跟朋友抱怨老公的罪行，因為週末老公又有應酬，正在氣頭上的她接到朋友的電話，正好可以向朋友訴苦一番。

「你別生氣嘛！男人不都是這樣的？」朋友打圓場。

「你不知道，他一下班，就算沒事也會去找事，反正就是不喜歡回家！」安越說越生氣。

「你怎麼知道他不喜歡回家？」

「上次他說他在公司加班，我好心給他做了便當，送到他辦公室去，結果，你猜他在幹什麼？」

「不會是……」朋友以為安撞見了安的老公與女同事的「好事」。

「他，他居然在上網打電動，最可惡的是他專注到連我走進他的辦公室，他都沒發現。」安氣憤的聲音在發抖。

「那你怎麼處理呢？」

「我把飯盒丟在他的辦公桌上，然後回家大吵了一架，你說他可不可惡？」

「那他怎麼辯解的呢？」朋友好奇。

「他說我不尊重他，所以他不想回家。你看他還把罪名怪在我頭上？！更可惡的是，我一說要他陪我，他就理直氣壯的說：『你要我整天在家守著你，有什麼意思啊？』」

「……」朋友也無話可說了。

「你幫我評評理，我一天到晚為了這個家累得死去活來的，而他給了薪水之後就把這裡當旅館，還編出一堆謊話不回家，你說，這種婚姻還有什麼意思？我想好了，他再這樣，我就打算離婚！」安說的義憤填膺，斬釘截鐵。

症　狀

老婆覺得自己愛上了一個不回家的老公，有工作忙不回家、應酬多不回家、沒有理由還要現編個謊話也是為了能不回家就不回家。

老婆辛辛苦苦忙裡忙外，等到的老公無非就是回家吃飯睡覺，連個謝謝都沒有，老婆稍有微詞，就要落個嘮叨囉嗦的罪名，真是冤枉，所以老婆痛恨老公把家當旅館，老婆打算把不愛回家的老公掃地出門。

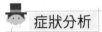 症狀分析

　　當牢騷滿腹的老婆跟工程師抱怨老公不愛回家的惡習，準備退貨的時候，工程師摸了摸後腦勺，終於翻出了說明書裡描述的老公對家的基本認知：「老公覺得家就是休息的地方。」

　　老婆不服氣了：「家務我做完了，飯菜準備好了，什麼事情都沒讓老公動手，怎麼說沒讓老公休息呢？」

　　要被退貨的老公不再保持沉默，白了白眼對老婆說：「您是沒讓我動手，但是腦子的累，心情的煩，難道不會影響休息嗎？」

　　老公在外忍辱負重，就是為了月底的時候雙手為老婆奉上薪水獎金，這是老公不可推卸的養家餬口責任。但是，老公既然在外面已經忍夠了氣，受夠了委屈，用完了腦子，回到自己的地盤，就想喘口氣，卸下偽裝，休息休息。

　　如果在外衝鋒陷陣的老公在家得不到應有的放鬆休息，或是片刻寧靜，耳邊仍不斷響起老婆大人的教誨、數落、指責……這比在公司都勞神傷腦——老公會願意回家嗎？

　　所以，老婆在大罵不愛回家的老公之前，請先好好想想，作為一家之主的老婆，收了老公薪水的同時，到底有沒有讓老公真正的好好的休息？家庭的氛圍到底對不對老公的胃口？

　　有的老婆說了，我也掙錢，我掙的錢也不比老公少，憑什麼還要我配合他的喜好？我回家也是需要放鬆的，隨便他怎麼說了？

　　很好！家既然是雙方休息的地方，大家都想放鬆，那麼彼此間有必要互相指責嗎？而且，通常這種指責，都是老婆對老公的單方面教育。對於男人來說，心裡壓力當然會很大。男女平等的意義不僅是老公老婆的地位一樣，老公既然不能欺負老婆，那麼老婆是不是也不能老指著老公的鼻子罵呢？

　　如果，回到家的老公感覺非常溫暖非常舒心，而他卻依舊不喜歡回家。那只能說明這個老公的程式出現了邏輯錯誤，換句話說，是個傻子。不過，能找到傻子當老公的老婆智商又能有多高呢？

解決方法

　　老公一下班，或者還沒下班心就已經飛回去的家

應該是這樣的：

★沒有噪音污染的：老婆切忌不要在老公面前一臉羨慕的說某人有錢，某人有勢，雖然老婆說者無心，但是在老公看來都是含沙射影的在說老公無能，老公心裡能舒坦嗎？老婆可能也在外受了委屈，偶爾跟老公發洩使小性子都無妨，但別總是嘮叨個沒完沒了，讓老公心煩。老公可能會不小心惹火了老婆，讓老婆不高興，但生氣歸生氣，老婆別借題發揮，把老公N年前的錯誤都拿出來算總帳，這樣既不能讓大家開心，又破壞了其和樂融融的家庭氣氛。

★有生活情趣的：柴米油鹽醬醋茶的生活，過久了，難免生出乏味。老婆老公之間的對話除了買菜就是交水電費，那邊上了床老婆還不忘提醒老公收衣服，這樣瑣碎枯燥的家庭生活，老公肯定會厭倦，而不想回來。還不如在外面找個知性的紅顏知己，討論哲學藝術音樂外加情感交流。所以，老婆最好少擦一次地板，少做一道菜，少燙一次頭，多挪一點時間好好跟老公做做精神交流，看場電影，溫習一下戀愛時的浪漫，如果什麼錢也不想花，那就躺在床上聊聊天，開開玩笑也好。

★老公的地盤由老公做主的：再沒大男人主義的老公，回到家還是喜歡那種當老大的感覺，拖鞋沒放整齊，上了廁所沒沖水，鬍子沒有刮……這些小細節不正說明老公夠放鬆嗎？所以，老婆別像個當媽的一樣教訓來說道去的，既然回家了，就索性讓他折騰好了，小不忍，則亂大謀啊！

★老婆懂老公的：有的老公喜歡吃好吃的，有的老公回家就想喝一杯，有的老公喜歡窩在書房不吭聲，還有的老公一回家就成了頑皮的小孩……存在即合理，老婆要懂得老公的喜好，知道老公喜歡什麼，不喜歡什麼，那麼投其所好的給老公創造一個他喜歡的空間，老公只要回家，就會死也不想再出去了。

如果以上的條件都符合的家庭中，還出現老公貪玩不戀家的，那麼就要採取一些必要的措施，對老公進行規範了，這年頭不老虎不發威，人家可能當你是病貓。

★約法三章：老婆事先與老公協商好，最好白紙黑字的寫上，雙方按手印，老公沒報備加班、應酬、出去玩的時間，老婆要進行規範，一周超過多少次，每天超過幾點回家，就視為違規，老婆就可動用家法——

—跪鍵盤、倒立、做家務（最好是老公最不喜歡做的家務）。

★懲罰＋獎勵：貪玩的老公推掉了應酬陪老婆逛街，老婆就要獎勵，尤其提倡口頭獎勵，不花錢節能又環保，效果也很好。比如「老公你好好哦，老婆好高興！」老公每次出現加班回家超過約定時間又沒報備，老婆可以對其進行罰款，超過一小時罰一百元，超過二小時以上罰五百元，徹夜不歸或節假日不在家，則按法定三倍薪資狠狠的罰，罰到老公手軟為止。錢不是萬能的，但是有時候錢才能讓某些人知道老婆很生氣，後果很嚴重。

★請君入甕：老公不喜歡回家，老婆軟硬兼施都起不了作用，那麼老婆就別抱著手機枕頭掉眼淚了，換上漂亮露背的洋裝，化點彩妝，婀娜妖豔的出門，可以跟死黨一起去逛街、做美容、泡酒吧。老婆回家的時間最好比老公還要晚，老公十一點回家，老婆就要十二點才回家。這期間老公來電話詢問的時候，老婆還要嬌滴滴的說：「人家還沒有玩夠呢，寶貝耐心等著喲！」如果老公氣的七竅冒煙，老婆就說：「你也知道在家等人的滋味了嗎？」

05 第三者不是噩夢的開始，而是結束

Jenny順利產下寶寶後，痛哭流涕，Jenny的老公上前抱著她跟孩子，也泣不成聲，只是，老公是喜極而泣，為新生命而喜而泣，Jenny是真正的感到痛苦，心痛。

半年前，當Jenny挺著微微隆起的肚子，在家休息的時候，接到了一個意外的電話，電話那邊女人的聲音很溫潤，但是所說的話卻如同刀子，不，是如同鋸齒般咯吱咯吱的撕扯著Jenny的心。那個女人沒說自己的名字，只是告訴Jenny，她是Jenny老公的情人，一次商務旅行的豔遇湊合了他們，後來他們還經常一起度假，他們做愛的地點遍佈世界各地……

「你告訴我這些是為什麼？」Jenny打斷了對方對

自己老公身體細節的描述,故作鎮定的問。腦子裡卻浮現出老公那段時間頻繁的出差;透支的信用卡;慌亂的眼神;衣櫃裡多出的領帶;奇怪的香水味……

「哦,沒什麼,只是聽說你懷孕了,為此他離開了我,恭喜你。」電話那邊,女人語氣平淡,一語雙關。但Jenny似乎看到了一張扭曲的臉,聽到了陰險的笑聲。

放下電話,Jenny感到頭暈目眩,哇哇的吐了一地,老公從廚房衝出來,以為Jenny的妊娠反應加重了,耐心的清理著地毯上的污漬,並小心翼翼的扶著Jenny進臥室休息。

Jenny看著眼前溫柔的老公,一句話都說不出來,她不想中了那個女人的奸計,讓孩子還沒出世就失去父親。但是心卻在不爭氣的流血,Jenny一閉上眼睛就想起那個女人所描述的場景,和那富有磁性的惡魔般的聲音。

從此以後,那個女人就好像《蝴蝶夢》裡的Rebecca一樣,紮根在了Jenny的心裡和生活中,還有她與老公之間。她就像揮之不去的幽靈,不分晝夜,總是讓Jenny噩夢連連,情緒失控,神情恍惚,不斷嘔吐,莫名流

淚。而這一切在始作俑者——Jenny的老公的眼裡，無非都是正常的妊娠反應。

為了這個孩子，Jenny無數次忍住了質問老公的衝動和歇斯底里。

而此時此刻，孩子已經降臨了，Jenny內心積壓的痛楚終於釋放了出來，除了哭泣，她不知道該怎麼辦，而對老公的愛，也已經被壓抑已久的怒火烤乾了，眼前的這個人，只是孩子的父親，僅僅是。

范太太做夢也沒有想到，跟自己結婚二十多年的老公，居然跟一個與他們女兒差不多大的女孩在一起，如果不是親眼看到，范太太寧可相信自家草坪上有外星飛船，也不會相信老公會出軌，而且出的那麼匪夷所思。

范先生是個死板、龜毛、吝嗇外加沒有情趣到極點的老男人，這點范太太最清楚不過了，但是，此刻的范先生正摟著那個妙齡女郎從賓館出來，而且滿面紅光，談笑風生，不時逗的那個小妞吃吃傻笑。

此情此境要是換作其他任何一個女人，都會毫不猶豫的衝到這對狗男女面前，給他們一人一記響亮的耳光。可范太太沒有，她呆呆的站在原地，看著老公

捏著小妞的屁股漸行漸遠，她被眼前的場景嚇呆了！

要知道，聽范先生打呼聽了二十多年的范太太，從來沒享受過被老公在公共場合摟抱的待遇，范太太認為范先生是個食古不化的老古董。很顯然的，她錯了。

范先生從不捨得花錢給老婆買花，范太太以為那是勤儉節約的好習慣。很顯然的，她又錯了。

范先生既不盯著街上的美女目不轉睛，也不會看著電視裡的裸體女人流口水，范太太堅信老公就是個老實人。更顯然的是，她錯的有點離譜。

症　狀

老公背著老婆，在外面添了個二房。或是一夜情，或是露水夫妻，或是招妓，或是包二奶……老公明明結婚的時候對天發誓對老婆說「今生我只愛你。」結果卻跟別的女人上了床，甚至還生了野種，老婆只有磨刀霍霍向「狗男女」了。

症狀分析

老婆普遍認為是老公的責任心不夠強大，所以才

會出軌，所以很多老婆強烈要求並以死威脅公司，為老公電腦晶片裡植入超級威猛的責任心，但其結果卻不盡如人意。後來經過大量反復試驗發現，如果老公在出廠前被拆除掉某個零件後，就能徹底根治出軌的「毛病」，但是少了這個零件的老公，卻少有老婆願意購買，甚至對此嗤之以鼻。

　　所以，科學研究人員最終得出結論：「老公只要有『那玩意兒』，就永遠會保持對女人的好奇心，尤其是對女人身體的好奇心，這是本能。」

　　老婆對此結論驚呼：「那老公到底還愛不愛我？」

　　說明書裡還有一條對老公屬性的描述，老婆不可不看，尤其要記住「老公認為性和愛是可分的。」

　　也就是說，老公無論在外面找多少個相好的，只要不跟老婆攤牌離婚，就是還愛老婆，而出軌的問題是「那玩意兒」惹的禍。所以才有那麼多老公在外彩旗飄揚，回到老婆身邊還是乖乖綿羊。

　　老婆別做夢想用溫情攻勢感化老公，也別幻想用兇悍鎮壓老公，根絕老公出軌的唯一途徑就是「宮刑」。

解決方法

老婆如果發現老公有了出軌的跡象，或者「外婆」已經找上門來，是不是只有靠斷送「性福」才能保全婚姻，捍衛尊嚴呢？不可！不可！那就犯法了。

我不得不萬分沉痛百萬分遺憾的告訴各位老婆，對於已經出現的此類情況，老婆只有兩條路可走：

一是忍：此忍的功力非比尋常，但凡是老婆還對老公還有一絲感情難以割捨的，就只能靠忍來解決了，否則老婆找狐狸精是自討沒趣，是你沒看管好老公，外面的誘惑這麼多，或許你能罵跑一個狐狸精，但你能殺完所有的狐狸精嗎？

再說了，老公出軌也不一定是找姿色比老婆好的，男人有時候的品味就是饑不擇食，千奇百怪的。老婆只能從自家老公身上找問題，但罵來說去的，不但傷了感情，還會加速婚姻的破裂，到時想挽救都難，所以只有忍。

與其彼此不斷的傷害到慘不忍睹，不如就承認自己的車被人借去開了一圈又還了回來，既然不能跟老公離婚，就要灑脫面對現實，輕鬆生活，糾結在過往

中，只會讓自己生不如死。

二是離：老公的性愛分離觀如果是在重感情的老婆這裡是謬論，那麼就只能一了百了，離婚雖痛，但長痛不如短痛，沒有忍功的老婆也只能如此了，但是離婚不是世界末日，放棄也是一種美德，放棄的不僅是老公、婚姻，更是對老婆自己的一種解放。

如果老婆暫時還沒有發現老公出軌，並不等於老公就永遠不會出軌。防微杜漸，對於老公出軌膽戰心驚的老婆不妨參考本章第一節內對付花心老公的方法，進行有效預防，讓花心只停留在賊心，別造成出軌事實。當然了，老公到底會不會出軌，老婆還得碰運氣，本來嘛！女人結婚找老公，完全是屬於賭博性質的，而願賭服輸，也是一種境界。

品質和口碑再好的產品，到了消費者的手裡，也不能百分之百的保證不出問題。

老公到底要什麼

維護篇

俗話說，每一個成功的老公背後都有一個默默付出的老婆，
這樣說來，老公找老婆就是讓其墊背的，
然後已經成功的老公就可以借著功成名就，乘風破浪，
拋下熬成了黃臉婆的老婆，抱著小老婆打kiss了？
想的美！要搞清楚，老婆選擇老公那可不是因為老公本身有多優
秀，而是公司的宣傳做得好，讓老婆都心存對老公的幻想，
真要有一天老公敢玩花樣，老婆絕對會讓老公變成廢鐵。
但是老婆還是覺得委屈，為什麼老公用著不上手呢？
問題可能就出現在老婆太聰明了，所以無法完全瞭解智慧不高的老
公的一些基本需求，要知道，與人方便，才能與己方便，
要想老公聽話，老婆當然要使用「懷柔政策」，使老公在化骨綿掌
的撫摸下，俯首貼耳的為老婆服務終生。

01 小女人大心胸

· · · · · · · · · · · · · · · · ● ● ● ● ●

　　馬思凱拎著筆記本從辦公大樓走出來，站在路口欲搭計程車回家，碰巧遇見了以前的女友——彤彤。

　　彤彤穿著連身套裝，比起以前是成熟了不少，但是衰老的痕跡一點都沒逃過老情人馬思凱的眼睛，看來當初的選擇沒錯。馬思凱以微秒的速度把眼前的舊情人跟家裡的嬌妻進行全方位的對比，結果發現，嬌妻完勝。

　　「你還好嗎？」彤彤還是那付無所謂的樣子，跟當初說「我們分手吧？」一樣的不痛不癢。

　　「還不是都一樣，呵呵。你呢？」馬思凱一想起彤彤之前對他的種種恩斷義絕，就慶幸現在他們之間只是相對熟悉的陌生人。

　　「還可以，你趕著回家嗎？如果不急的話，我請

你喝杯茶吧！」形形似乎有話要說，眼睛裡閃爍著傾訴的波光瀲瀲。

「呃？好吧！」馬思凱很想說不行，但是怕拒絕後會讓形形恥笑他是妻管嚴，要不怎麼那麼急著趕回去呢？還有，馬思凱倒是想聽聽形形是怎麼懺悔的。當然了，又不是喝酒，只是喝茶，怕什麼？

晚餐時間，馬思凱的胃對於這種沒質感的茶飲料似乎提出了抗議，所以沒耐心聽完形形的訴說，他就找了個藉口打道回府了。

回家一頓飽餐之後，馬思凱抱著老婆心滿意足的睡了，就把那個倒楣的「曾經的她」給忘了個一乾二淨。

馬思凱沒料到，這個與舊情人只是喝了一杯茶的事情，居然傳到了老婆的耳朵裡，當然謠傳的同時也附加了很多戲劇性的情節，我們說，那就是多事之人的添油加醋。雖說身正不怕影子斜，但在老婆看來，影子都斜了，至於身子正不正都已經是其次了。

「你說你們之間沒什麼，那你回來為什麼不告訴我？我看你是心裡有鬼！」馬太太儼然像是高高在上的審判長，語氣不容置疑。

「我說了多少遍了，我是怕你多心，因為只是喝了一杯茶，才半個小時，又能怎樣？」

「哼！藉口。」馬太太目光如炬。

「哎呀！老婆，你想想，她一沒你漂亮，二沒你聰明能幹，我瞎了眼才會去吃回頭草，你可以不相信我，但可別對自己沒有自信啊！你是沒親眼看到她，她現在真老的厲害，脖子上的皺紋都出來了。」馬思凱使出了殺手鐧，邊說還邊搖頭，「是她先開口說請我喝茶，而我是出於禮貌給她點面子……」

「下不為例，以後出現類似情況要及時彙報，否則……」馬太太息怒了。

馬思凱總算是明白了，這世界上最難對付的人就是老婆，最好對付的人也是老婆，只要來點馬屁，千穿萬穿，馬屁不穿，一切都能搞定。他心想這事總算是過去了，但是沒過多久，他就懊悔自己犯了輕敵的嚴重錯誤。

馬思凱發現，他從此再也沒有人生自由了，每次出門都要向老婆彙報具體時間、地點以及回家時間，外出回來也少不了被再三盤問，老婆越來越喜歡檢查他的手機跟電腦了，老婆明知道他與前女友沒什麼，

但有事沒事都會藉此來洗涮他……馬思凱覺得老婆像防賊一樣防自己,而時刻被監視、被審問、被訓話的生活真沒意思。他甚至開始幻想當初要是真的跟彤彤死灰復燃,說不定會好過一些,但現在自己啥也沒撈著,還落個莫須有的後患無窮的把柄,比竇娥都冤!

終於,在老婆的嚴加盤查和極度壓制之下,馬思凱選擇了反抗。

當一紙離婚協議擺在老婆面前的時候,她眼淚汪汪的斥責著他的無情和沒良心。而這種斥責,卻只換來他嘴角的一抹冷笑和一句讓她百思不得其解的話:「這還不是你逼的!」

症　狀

老公,總是犯下累累罪行讓老婆氣急敗壞。小到生活瑣事,大到男女關係,老婆就像學校裡的訓導主任一樣前有循循善誘,後有亡羊補牢,為的就是望夫成龍,讓老公有責任感,有道德觀,有上進心……成為人人稱讚的完美老公。

可是,老公非但不能體會到老婆的良苦用心,反而藉口說老婆小心眼,斤斤計較,不與老婆理論,擺

出一副非暴力不合作的態度，老婆越說越傷心，老公越做越錯，夫妻關係越來越緊張……

症狀分析

專家連續查看了數百個返修的老公，而這些老公都是因為懼怕老婆的精神懲罰而出逃的，他們的擁有者——老婆也都附上了每個老公的罪狀維修表。

老婆希望檢修排除了故障之後的老公還能回到她身邊，但所有出逃的老公都拒絕被修理，且表示寧可待在公司做垃圾搬運工，也不願意回到老婆身邊。

為此，雙方都很堅持。老婆說老公問題多，老公說是老婆事情多。

經過專家會診，得出結論：「沒有真正意義上的完美老公，每個老公身上都會有或多或少的大小問題，而老婆又沒有能力改變，因為這是老公與生俱來的特點，只能接受或者說包容。」

這點讓老婆非常不服氣，難道說老公好色、貪杯、嗜賭、吸毒，都不算是缺點，不需要糾正修理嗎？專家義正言辭的說：「老婆不可能選擇這樣的五毒老公，就算結婚了，還沒等離婚，老公可能就進了警察局了

吧！」

　　所以說，在一般的情況下，老公身上的問題都不是生死攸關，令人深惡痛絕的惡習。因此老婆沒必要對老公的缺點大動干戈。

　　但是，老婆往往感情細膩，捕捉到很多老公察覺不到的細節。於是，因為愛，所以老婆希望老公更完美；也是因為愛，所以老婆生出猜忌；更是因為愛，所以老婆才把老公當成抱怨的目標。

　　可為什麼老婆不能從愛出發，而包容一下老公的缺點呢？瑕不掩瑜，老公沒必要為一次或者幾次或有意或無心的錯誤而永無翻身之日吧！

　　世界上實在很難找到不抱怨不猜忌的老婆，所以才會不乏有那麼多問題老公。到底是老公本身情節惡劣呢？還是老婆總是喜歡用顯微鏡來觀察身邊的愛人呢？

　　經過專家的會診發現，逃跑的老公的確沒有重大機械故障，於是老婆只好在專家的勸說下，將自己的視力和敏感度往下調整了幾度，同時把心胸放寬了幾毫米，然後領著老公回家了。

解決方法

　　老公結婚前會想要個胸部大的老婆，但是結婚幾年後的老公才發現，光是外在的胸大並不夠，只有心胸寬廣的老婆，才能讓婚姻生活過的舒心。

　　老婆該怎麼對待老公身上的錯誤呢？老婆究竟該如何修煉自己拓展心胸的內功呢？

　　老婆擴胸祕笈及招數原理：

　　★招式一、閉眼；眼不見為淨

　　對老公不拘小節的小毛病，老婆盡可能做到視而不見，老公又不是孩子，就算是孩子，管教的太嚴屬了反而容易激起叛逆心理，所謂大道無為，老婆千萬別把老公當孩子看，讓他自己去覺悟。

　　★招式二、養心；轉移注意力

　　老婆的猜忌多是因為在心裡把老公的比重設高了，與其吃力不討好的去吃老公的醋，不如多花點心思對自己好，外在打扮也好，內在提高修養也行，反正愛自己準沒錯。

　　★招式三、寡情；減少火上澆油

　　如果老公又犯錯了，老婆在氣頭上說出絕情的話，

不但傷人傷己還傷感情，遇到這種狀況，老婆不妨先找個沒人的地方發洩完了，再找老公討論，否則老公不但不認為自己做錯了，還要怪罪老婆是「炸藥桶」。

★招式四、轉化；靈活運用

老公有了毛病，老婆不是完全都不能指出，而是要找適當的時機，用運用靈活的方式，比如把指責轉化成撒嬌，老公不但會在不知不覺中了招，還會稱讚老婆善解人意。

★招式五、健忘；往事隨風

過去的就讓它過去了，老婆既然已經發現了老公的問題，該說的該罵的該罰的，都進行完了，就別一直揪著老公的小辮子，隨時提高警惕了。刑滿釋放的人都可以改過自新，老婆別不給老公喘息改過的機會。

02 假設他是一家之主

結束了聚會回到家，周太太忙著卸妝換衣服，而周先生坐在客廳，菸一根接一根的抽，眼神直愣愣的。

「你還不快去洗澡？我都說了多少遍了，回家就要換衣服，三歲孩子都教會了，你就是狗改不了吃屎。」周太太裹著浴巾從浴室裡出來，看到老公還坐在沙發上發愣，不由得火冒三丈起來。

「我是人，我不是狗，我也不是三歲小孩，你想數落就數落，今天當著那麼多老朋友的面，你就不能在嘴上積點德嗎？我是你老公，你老公沒面子了，你當老婆的就舒服了？」周先生滿肚子的怒火一下子被點燃了，他站了起來，臉紅脖子粗，一副怒不可抑的樣子。

「我說什麼了？我說的不是事實嗎？我數落你，

那是為你好⋯⋯」周太太沒料到周先生會如此生氣，要知道平時怎麼說他，他不都是沉默不語的嗎？

「平時在家隨便你說，我也習慣了，但是在外面你就不能收斂一點嗎？」周先生借著聚會上的三分酒勁，終於把憋在肚子裡多年的話說出來了。

「你以為我喜歡參加你們那種聚會啊？我以後再也不去了，你若喜歡你找你朋友過日子去，別來找我！」周太太撂下狠話，轉身進了臥室，碰的關了門，接著把門反鎖了。

周先生掐滅了菸，無奈的騷了騷後腦勺，覺得自己真是有點像老婆說的那樣窩囊⋯⋯

Dolores和Mark結婚三年了，最近他們要搬進新家，Dolores一想到即將住進被綠蔭包圍大房子，就顯得格外興奮。

在Dolores忙裡忙外的時候，這家的男主人，Dolores的老公Mark卻不見了身影。

「親愛的，傢俱那麼重，你不會想讓我累死吧？」Dolores在電話裡撒嬌。

「傢俱可以找搬家公司嘛！我現在有個會議，晚點再跟你聯絡。」Mark一副公事公辦的態度。

「老公，以前的窗簾和桌布是不是都該換了？我覺得跟新房子不搭配。還有烤箱是不是也該換個大的？我還想……」Dolores在電話裡跟老公商量。

　　「寶貝，你想換什麼就換什麼吧！對了，晚上我可能回來的晚一點。」Mark打斷了老婆的彙報。

　　大權在握的感覺真好，但是單槍匹馬忙碌了一周的Dolores累的直不起腰來，因此她開始抱怨了。

　　「這個家又不是我一個人的家，憑什麼你不幫忙呢？」Dolores坐在沙發上左手揉肩膀，右手還拿著訂購油畫的單子。

　　「親愛的，不是我不想幫忙，實在是怕越幫越忙。」Mark翻閱著手邊的體育雜誌，很是輕鬆自得。

　　「為什麼？」Dolores覺得老公話裡有話。

　　「你想想呵，我要是跟你一起搬家，傢俱怎麼放，壁紙用什麼顏色，所有的一切，我說了都不算，而且我要是提出異議，是不是又會惹你生氣？我做的不好，是不是又增加了你的工作量？所以呢！就全權由你處理了。」Mark說完起身去冰箱拿了一瓶啤酒。

　　「天啊！難道這個家由我做主，所以就該我忙？那你不是這個家的男主人嗎？」Dolores困惑極了。

「我是這個家的男主人嗎？」Mark反問，然後苦澀的笑了一笑，仰起脖子灌起了啤酒。

症　狀

老婆把老公當自己人，有了錯誤就指出來，可是老公把老婆的好心當成多事，不但不知悔改還變本加厲，指責老婆不尊重他，於是沒有了尊嚴的老公索性在家偷懶，不負責任，氣壞了老婆，也累死了老婆。

老婆驚呼，原來老公真是個沒用的東西！

症狀分析

想要退貨的老婆，請先看說明書對使用老公的提示：「老公的威力很大，但是需要輔以尊嚴的澆灌，而不是指責或辱罵，否則老公會報廢。」

很多老公在家裡，只有交薪水的義務，卻沒有享受當家作主的實權。

老公在家說東，老婆卻說西，老公說好，老婆卻說不好，最後還是老婆說了算，於是久而久之，老公連提建議的議政權都索性放棄了，老婆只看結果，卻不想想前因正是因為自己的大權獨攬，讓老公選擇了

不負責——既然說的都不對，做的都是錯，那又何必再費力不討好呢？

老婆不但在家裡叱吒風雲，而且把鞭子都伸到了外面，老婆當著老公的朋友、親戚和同事的面前，就像在家一樣隨口數落老公，老婆無心的信口開河，恰好傷到的是老公最為看重的尊嚴、面子。於是回到家的老公也跟老婆鬧起了彆扭——在外面你都不尊重我，在家我還要給你當傭人嗎？

人與人之間是相互的，你敬我一尺，我敬你一丈。但是，往往在家裡，夫妻間太熟悉了，老婆習慣了對老公進行不自覺的「傷害」，到頭來老公鬧起了「罷工」，而老婆只會抱怨老公不好使用，卻沒想到正是由於自己的錯誤使用方法，才導致了老公日趨成為廢物的後果。

所以說，老公都是好面子的，自尊心強，無論在家還是在外，老婆只要給夠老公面子，他的功能還是能發揮的。

解決方法

老婆別抱怨老公不顧家，不上進，還是先還一點尊嚴給老公吧！老公就會以此為動力，分外努力，成為一個在外想老婆，在家疼老婆的好老公。

★聚會不是批判會：無論平時怎麼數落老公，一旦有外人（包括親戚朋友同事和小孩）在場老婆就要學會適當閉嘴，不用到處吹捧老公如何如何厲害，只需要在老公身旁小鳥依人即可。如果聚會上有其他老婆口不擇言說自己老公的不是，你也別擅自加入批判大會，否則就會落個令人生厭的長舌婦的下場。

★女強人回到家做個小女人：老婆就算是總統主席，回到家還是老公的老婆，不要把官腔帶回溫馨的家，老公絕對不想找個主管回家管自己。否則老公到外面找更溫柔的去了，氣死的還是老婆自己。

★分權的好處：老婆別當大女人，什麼事情都往自己身上攬，該老公做的，出謀劃策的就讓老公去獨當一面，做的好就要稱讚，做的不好也要鼓勵，這樣老婆只需要動動嘴就可以享受被老公服侍的待遇了，省的老婆累，老公有力沒處使，還越來越懶惰。

★信任老公：信任也是一種極大的尊重，如果老婆能充分相信老公的能力，放開手，讓老公大展身手。成功了，老公在領獎臺上第一個感謝的就是老婆；失敗了，老公也會在老婆的懷抱裡尋找安慰。老婆收放自如，老公便會感謝老婆的知遇之恩，鞠躬盡瘁死而後已。

The
Husband
Instructions

03 讚美不吃虧

電視劇裡大擺筵席，看得珊珊口水四溢。

「老公，你到樓下幫我買份雲吞，要多放點醋和辣椒哦！」珊珊朝著書房方向喊了一聲。

「不去，不去，我快過關了。」珊珊的老公文星正玩到興頭上。

「你怎麼這麼不聽話？快去，要不然我生氣喔！」珊珊半撒嬌半威脅，然後悄悄走到文星背後，朝他後腦勺就是一個巴掌。

「哎！讓開，讓開，我死了你賠！」文星有點火大了，一手抓著滑鼠，一手推開了老婆。

「哼！我就不讓你玩，誰叫你不給我買吃的！」珊珊咬牙切齒的說，然後就把電腦的電源給關了。

「啊！你講理不講理？」文星氣急敗壞，對珊珊

怒目而視。

「誰叫你不聽話？」珊珊看著生氣的老公，反而洋洋得意。

「你沒長腿啊？你不能自己去買啊？你要看韓劇我就把電視讓給你了，現在我才玩一會兒遊戲你就來搗亂，有你這樣的潑婦嗎？」文星覺得委屈極了，每次老婆總是命令他做這做那，煩都煩死了，早知道還不如不結婚，單身多自由啊！看來婚姻果然是愛情的墳墓，一結婚，原本溫柔可人的珊珊就成了霸主。

「你！你竟敢說我是潑婦？！」珊珊差點被氣暈了過去，她沒想到，結婚前那個像鼻涕蟲一樣粘著自己，惟命是聽的文星，怎麼一結婚就變成了這副嘴臉？

珊珊用眼睛四下掃描著可用的武器，心想一定要好好教訓一下這個不聽話的老公……

從超市購物出來，任太太對著看板上的健身猛男讚不絕口，任先生對此裝作視而不見。

「你瞧，有肌肉才有男人味，才能給女人安全感……」任太太旁敲側擊，其實是想讓老公把肚子上的游泳圈減掉，一是不利於健康，二是每次看到顫抖的贅肉，都讓她感到難堪和提不起與之親近的興致。

「哦！是嗎？」任先生再笨都聽出了老婆的弦外之音，但是他一點都不苟同老婆的觀點。

「腹肌，六塊腹肌多健美啊！你有空也去鍛鍊鍛鍊。」任太太順手摸了摸老公的將軍肚，提出了建議。

「我這裡已經把六塊練成了一塊，不需要再鍛鍊了！」任先生打趣道，但是大庭廣眾之下老婆摸他肚子的舉動，還是讓他覺得有點不舒服。

「你看看，肚子都成這樣了，你才多大年紀啊！這樣下去我可不陪你出門，丟人死了！」任太太做了個厭惡的表情。

「你喜歡有肌肉的猛男，那你當初怎麼不找個健美先生嫁？」任先生有點生氣了，反唇相譏，他覺得自己在外工作已經累到快趴了，回到家還要被老婆嘲笑，簡直沒天理。

「我這不還是為你好，你怎麼這麼不知道好歹呢？」任太太對老公的反應感到不可理解。

「為我好？那我可要好好謝謝你了！」任先生一賭氣，提著東西，大踏步的往前走去。

任太太追了兩步沒追上，於是也帶著怒氣離開，攔了計程車回了娘家……

 ## 症　狀

　　結婚前老公可能對老婆百依百順，但是一旦結婚，老公就成了「老爺」，老婆不僅使喚不動老公，而且老婆提出的建議一概都被老公駁回。是老婆的話沒威力了，還是老公天生就是不聽話？婚姻好比一筆存款，老婆的命令與老公對抗之間殊死較量，頻繁的摩擦口角中，透支的正是彼此的感情和婚姻的品質。

症狀分析

　　「無論老公與老婆之間的生理和心理差異有多大，但是老公跟老婆一樣，都喜歡聽甜言蜜語，喜歡被讚美。」說明書裡沒說如何讓老公乖乖聽話，可告訴了老婆，老公的喜好。

　　老婆是天生的聽覺動物，所以無論是花前月下，還是具體生活中，都希望老公的嘴巴像抹上了蜜糖一樣，哄的老婆興高采烈。

　　做完家務了，老婆希望能從老公那裡聽一句「辛苦了。」

　　端出一桌菜了，老婆希望能從老公那裡聽到一句

「老婆妳的手藝真好。」

　　穿上新衣服了，老婆巴不得老公能讚美一句「老婆妳真漂亮！」

　　再髒再累再麻煩，老婆只要聽到老公的讚美和欣賞，就覺得這一切都是值得的！

　　老公又何嘗不是呢？老公下班回到家，也希望能聽到「老公辛苦了。」……大家都在為家庭做貢獻，老婆為什麼就只習慣索取讚美，而不付出讚美給老公呢？

　　要知道，好老公是誇出來的，老婆越是欣賞老公，越是誇獎老公，讚美老公，老公也會像上了足了發條的音樂盒一樣，為老婆獻上美妙的音樂。如果老婆只會使用負面的語言，老公自然動力不夠，要麼奏出五音不全的噪音，要麼乾脆生銹癱瘓。

解決方法

　　無論老公在外面是什麼地位，掙多少錢，開什麼車，回到家，在老婆身邊，就是長著鬍子的大小孩，老婆只要給他灌點讚美的「迷魂湯」，還怕他不匍匐在老婆的圍裙下，還怕他不聽話，還怕他有異心？到

時候，老婆可別怪老公太聽話，沒了男人味就好。

讓老公聽話的迷魂湯全稱是：愛情幸福婚姻美滿之老婆專用老公專喝之迷魂湯。

★用料：認可、欣賞、信任、崇拜、讚美。

★用法：可單一使用或混合搭配藥效，讓老公聽老婆的話。

★注意事項：老婆讚美老公一定是發自內心的，不是虛情假意的拍馬屁。否則老公會理解為諷刺挖苦或是老婆居心叵測。

★實戰灌湯大法：

老公不愛做家務，老婆就灌欣賞湯藥：「老公下廚房果然性感非凡，懂得生活的老公就是好老公。」

老公不願意為老婆效勞，老婆就灌崇拜湯藥：「老公知道疼老婆，老婆好喜歡。」

老公不喜歡回家，老婆就灌信任湯藥：「老公在外應酬也是為了給老婆擁有一個更好的物質生活，老婆很感激。」

老公不喜歡被老婆指使，老婆就灌讚美大迷湯：「老公是很厲害的，沒有老公，老婆什麼都不會做，還是老公好。」

　　老公不注重健康，老婆想使之聽話健身，就要灌認可迷湯：「老公身材不錯，雖略有瑕疵，但也是瑕不掩瑜。要是能再稍微苗條一點，就堪稱完美。」

　　此外，灌湯的同時，老婆最好再配合撒嬌發嗲的聲音，鼓勵的掌聲，崇拜的眼神，肯定的語氣等少許，則效果更佳。

The
Husband
Instructions

叢林法則的運用

難得有個週末可以睡懶覺，Lisa卻醒了，看著身邊還在夢鄉面容憔悴的老公，心中不免生出萬般憐愛。

記得他們剛結婚的時候，小倆口每天早上都會一起坐在餐桌前，享受著陽光，分享著一桌子的美味，然後談天說地；晚上一起回家做飯、散步、看電影、聽音樂、洗澡、睡覺；Lisa還經常調皮的把雙腳伸給老公，讓老公為她修剪指甲，老公不但會仔細的幫她剪指甲，還會為她細緻的雙腿塗抹上乳霜，然後撫摸親吻她的全身……

但是，現在，自從Lisa和老公度完了蜜月，結束了假期之後，兩個人就都回到了忙碌的狀態。Lisa的手頭上永遠都有做不完策劃，老公也有應酬不完的會議和商務應酬。

別說早飯，晚飯，甚至連家裡的冰箱都已經空了數月。因為他們經常都是吃完了飯，帶著疲憊回家睡覺的。Lisa有時候不免覺得他們之間是並肩作戰的戰友，為了將來的富足生活奮鬥不息的戰友，而不是夫妻，因為他們之間太瞭解對方了，有信任，有理解，有支持……唯一少了的似乎就是異性的那種吸引力。

有人說，夫妻間心靈的距離會隔閡身體的距離，但是據Lisa的切身體會來說，她和老公之間卻是身體距離超越了心裡的距離。

對了，Lisa掐指一算，她與老公已經有半年沒有床第之歡了。

Lisa輕手輕腳起來，沖了個澡，刷了牙，躡手躡腳的又回到老公身邊，想給他一個驚喜，也想彌補點什麼，在這個慵懶的早晨。

「嗯？哦，親愛的，我實在太累了，讓我再睡會……」老公迷迷糊糊的轉了個身，把脊背和後腦勺留給了Lisa。

Lisa沮喪的坐在床邊，她不想打擾老公，也無法再燃起激情，於是起身換上衣服，去公司繼續加班了。

女人的直覺有時候就是那麼神奇，梁太太總覺得

老公出軌了，不需要證據，只是她想不明白，自己做的難道還不夠好？所以才導致了老公出去偷腥？

家裡有佣人，但是只要老公要回家，梁太太都會親自下廚，蒸煮煎炸，她樣樣精通，而且做的都是老公喜歡吃的；梁太太還會把水果去了皮，切成小塊，插上牙籤，端到老公的書房；梁太太親手泡的養生茶也會送到老公的嘴邊。

老公的衣服都是梁太太精心挑選，洗燙平整的；老公喜歡輕音樂，梁太太就陪他去聽音樂會，在家備好名家的光碟片；老公一有點頭疼發熱，梁太太會比醫生護士還要周到的照顧他，直至痊癒；老公加班回來晚了，梁太太從不過問；老公喝醉了回來嘔吐，梁太太還會提前為他打開浴廁的燈，奉上一杯白開水。

梁太太是個傳統的女人，認為照顧老公就是做老婆的天職，但是無微不至的關懷，似乎並沒有換回老公對她同等的愛。

她知道老公所有的喜好，但是老公卻從不，或從不想關注她。梁太太換了新髮型，老公視而不見；梁太太為家添置了新傢俱，老公熟視無睹；梁太太病了，老公也只會吩咐佣人去叫醫生，然後我行我素繼續去上班。

　　梁太太不想索取什麼，但所有的付出居然換來老公的狼心狗肺。

　　「不是你不好，只是跟你在一起，感覺沒意思。」老公淡淡的說著自己出軌的理由。

症　　狀

　　結婚的時間久了，老公對老婆不再關注，對老婆的需求不再滿足，甚至還以審美疲乏為藉口出軌。老婆不解，老婆憤怒，難道老公天生就是冷血動物？老婆的遷就、老婆的體貼、老婆的理解，怎麼到了老公那裡都成了偷懶或放縱的理由？

症狀分析

　　要想婚姻保持新鮮度，要想留住老公對老婆的關注度，就不可不看說明書裡對老公的操作距離法則：「請老婆婚後與老公保持適當距離，不能太疏遠，也不要太親密。」

　　老公好比是森林中的肉食動物，保持其身體矯健的唯一途徑就是捕獵。他們的「獵物」就是來自於女人（主要是來自於老婆）的愛。她要是因為工作繁忙

家庭瑣事忽略了老公，冷落了老公，彼此間的距離就會疏遠，老公就會「饑腸轆轆」，從而把注意力轉向其他的獵物；另外一方面，老婆如果過於溺愛老公，打著飽嗝的老公一樣會飽暖思淫欲，不知滿足，不知感激，會對老婆視而不見，對老婆的付出視為理所當然，這個時候老婆與老公的距離就太近了。

愛少了，距離遠了不行；愛多了，距離近了也不行。

老婆真的很為難，要怎麼樣做才能既不至於「餓」死老公，又不會讓老公「撐」的難受呢？

其實婚姻生活中，老公老婆彼此間都有付出，雙方的心裡都有一筆帳，算清楚自己的得失。如果只是一方付出的過多，那麼另外一方的內心就會失衡，就會心生抱怨，抱怨積壓久了就會發酵成婚姻裡的黴菌，使其由內而外開始變質。

一方獲得的太多了，也就喪失了起碼的感恩心理，好像一個被寵壞的孩子般，變得自私自利。

距離產生美，對於生活在同一屋簷下的老公和老婆一樣有效。這種距離不是人為劃定的界限，也不是天然形成的障礙，而是老婆需要與老公之間保持動態平衡的關係。

　　這就如同做一頓美味餐點給老公，既要讓他吃的半飽，還要讓他覺得不夠，於是老公才會覺得老婆值得關注，老公也才會心甘情願的給予老婆應有的愛，婚姻才能保持良性的循環。

解決方法

　　剛從樹上摘下來的水果，帶著露珠，散發著清新的氣息，想不新鮮都難，所以新婚燕爾的老公和老婆彼此間要多新鮮就有多新鮮。但是，水果放久了，就算有冰箱、有保鮮膜、有防腐劑，但還是會隨時間的流逝，腐爛掉，所以經過多年的婚姻生活後，夫妻間很難再找回當年的「新鮮感」，這一點都不奇怪。

　　由此可見，婚姻會隨著時間褪色是個不爭的事實，敏感細膩的老婆不必因此而感到難過，只要多利用老公的「獵奇」心態，適度調整你們之間的距離，就會在乏味的婚姻中找到新鮮點：

　　★放下菜刀：老公享受慣了，衣來伸手，飯來張口，自然不會對蓬頭垢面的廚娘、菲傭有新鮮感。老婆如果覺得老公已經很久沒用含情脈脈眼神關注自己了，就該適當走出廚房，走出家庭了。找個理由，或

者根本不需要理由，做個身體SPA，買件曾經不敢嘗試的裙子，光鮮奪目的邀請老公外出用餐，尋找一下當年的浪漫。此法不能天天用，但是偶爾為之，可使老公的眼睛為之一亮，老婆也可趁機寵愛自己一番。

★放下規則：誰說婚後的女人就不能有異性朋友，只有老公可以有N個好妹妹，老婆卻只能跟女人在一起聊八卦。適當的時候老婆可以找一到數個藍顏知己，可以一起吃飯可以一起逛街可以一起聊天，這並不是玩火，而是需要，但要正大光明的跟老公說明白，一來可以讓女人更瞭解男人，間接瞭解老公，二來可以在潛意識裡激發老公的「醋意」，保持他對老婆的關注度。

★放一下假：忙的頭昏腦脹，老婆與老公自然容易產生口角，吵架的次數多了，別提新鮮感，連僅有的那份熟悉的親情都可能會被「磨蝕」掉。因為太忙了，老婆自己對老公的關注度都不夠，哪裡還能要求後知後覺的老公對老婆有關懷之心呢？如果夫妻間已經長久都沒有身心交流了，老婆就要根據實際情況，籌備一次假期了，新的環境，放鬆的狀態，最能激發老公與老婆間的新鮮度。

　　★放鬆心情：沒有時間度假，沒有金錢去奢侈找浪漫，是不是就只能眼看著時光飛逝，把嬌妻熬成黃臉婆，讓老公看都不想多看一眼呢？其實，錢能解決的問題都不是問題，老婆要想保持婚姻的新鮮度，不一定都要花大把的銀子給自己塗抹，裝扮。要知道，開朗的笑容，溫柔的問候，發自內心的關懷有時候就是最能打動老公的「浪子野心」。天底下有哪個老公不希望自己的老婆情緒好，心情好，回家不用受氣看臉色？

The
Husband
Instructions

05 最不該說的就是─離婚

天底下沒有不吵架的夫妻，床頭吵完床尾和的夫妻也不在少數。可是吵來吵去，婚姻裡原有的甜蜜都被惡語相向調入了苦澀的味道，誰還戀棧？

阿珍可不是個刁蠻任性的女人，但過了幾年婚姻生活後的她，陡然發現自己已經習慣了吵架──這種常見但又不為人提倡的夫妻溝通方式。

有一天，在一場不分你死我活的爭吵後，望著戰後廢墟般的家，阿珍哭了，主動抱著老公阿彬的肩膀說：「我們以後不吵架了好不好？我好害怕。」

阿彬看著楚楚動人的老婆，也紅著眼睛發誓：「不吵了，以後再也不吵架了……只是……」

阿珍放開老公，從地上揀起面紙盒，邊擦拭著眼淚，邊點頭，示意老公繼續往下說。

　　「只是你別老用『離婚』來威脅我。」阿彬確信老婆的怒氣已被淚水沖刷完了，才緩慢的，用商量的語氣說，「通常你說我如何不好，我都能忍，但只要你一說『離婚』，我就受不了。」

　　「你怕跟我離婚是不是？」阿珍詢問。

　　「不是怕，而是覺得你用這種方式讓我不舒服。」阿彬否認老婆的猜測，語氣開始變的急躁。

　　「你也知道不舒服啊？是你先讓我不舒服的，你以前可不是這樣的，怎麼結婚以後就變的越來越暴躁了，我是因為受不了，所以才想離婚的。」阿珍覺得自己很委屈。

　　「結婚前你也不是這樣胡攪蠻纏的啊！我在外面多辛苦啊……」阿彬認為自己經夠忍讓了。

　　「我又不是沒在工作靠你養，離開了你就不能活。這個家就只有你忙啊？你為這個家操過多少心，我要你有什麼用？」阿珍不哭了，聲音呈上升趨勢。

　　「所以你想離婚是不是？」阿彬冷眼質問。

　　「是！」阿珍固守陣地，絲毫不退讓。

　　說著說著，兩個人都忘記了和解的初衷，在不知不覺中將剛剛熄滅的戰爭硝煙又升級擴大了。

「你別後悔！」阿彬憤怒的用食指朝老婆臉上指了指。

「不後悔！」阿珍氣的渾身顫抖起來。她不相信老公會真的敢離婚，她說離婚也無非是嚇唬嚇唬老公，讓他引以為戒。

「好！我聽離婚這兩個字都聽到耳朵長繭了，今天就如了你的心願！」阿彬真的氣瘋了，衝到臥室拿出離婚所需的證件，扯著阿珍，奪門而出。

阿珍嚇壞了，像個提線木偶一樣被老公推著往外走，每一步都不像是她自己邁出去的，但是雙腳又的確是她自己的……

症　狀

老公跟老婆拌嘴吵架是常事，可老婆一提離婚，老公的火氣就上來了，原本脾氣尚好的老公甚至會破口大罵，大打出手，或者乾脆選擇真的離婚。老婆不過是說說而已，為什麼往常大而化之的老公就聽不得這「離婚」兩個字？難道老公真的就是想離婚？

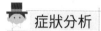
症狀分析

在老公的CPU裡有對離婚的認識：「離婚＝退貨。老婆跟老公說離婚，無異於是在罵老公的產品品質不合格，是個孬種。」

結婚前女人喜歡說分手，結婚後老婆喜歡提離婚，在女人看來，這種口頭上的警告並不代表她真的想分手，或是想離婚，而僅僅是情緒上的一種宣洩，她只是想透過這種方式告訴對方——男朋友、老公「如果不珍惜我，不改掉你現在的壞習慣，我就可能會離開你哦！」

但是，老婆的這種暗示、警告、威脅，在老公那裡通通都變成了直指他個人的矛頭。甚至毫不誇張的說，簡直就是核子武器，殺傷力不亞於原子彈氫彈。

在大多數的老公看來，老婆說離婚，就是對他個人的全盤否定。在老公的內心深處，「離婚」這兩個字可以說比罵髒話還要來的難受。

就像你去買東西，可以說價格不合適，也可以說品質不夠好，但是你不能說商家是個混蛋或者產品一無是處。同樣，老婆可以指責老公這裡不對，那裡不

好，甚至可以罵他白癡，而一旦說離婚，老公就將它解釋為他在你心目中就是個混蛋，所以你才後悔瞎了眼嫁給他，老公能不生氣？能不當真嗎？

老公作為男人，當然不希望老婆把離婚掛在嘴邊威脅他，說多了，老公只會厭倦老婆的這種刀架在脖子上的逼迫感。與其總是膽戰心驚，乾脆變本加厲。於是他們最終會選擇真的走上離婚的不歸路，屆時，老婆才覺得後悔「我又不是真的想離婚，他怎麼就那麼生氣，就當了真呢？」

總而言之，老婆如果不是鐵了心真想跟老公清風明月兩不相干，就別在吵架的時候提離婚。架可以吵，但離婚不要輕易說出口，否則老婆吵架發洩的目的沒達到不說，還傷了老公的心，破壞了感情的基礎與婚姻的和諧。

解決方法

除了離婚這兩個終極致命的字以外，其他老婆常用在老公身上的負面詞語也要儘量少用，因為婚後的老婆如果習慣了口無遮攔，再不介意的老公都會在心裡形成隔閡。

以下為老公的使用者老婆列舉夫妻間吵架等級及方法，請老婆針對個人情況自行選擇。

老婆吵架的藝術等級可分為等級名稱、一般用詞技巧、操作情景實戰效果：

★低級；村婦級──問候老公祖宗及家屬，開口就罵屬村婦罵街，當眾讓老公無地自容讓老公沒面子，而老婆自己也惡名在外，離婚不離婚難說，但日子一定過的不舒心。

★中級；潑婦級──數落指責老公的嗓門大如河東獅吼，嚇得老公做篩糠狀；老公想變成貝多芬，以杜絕噪音污染以及對其身心的摧殘。或者為了圖個清靜，找個紅顏知己大倒苦水。

★高級；悍婦級──直指老公自尊心之要害，言辭刻薄輔以刀槍棍棒，老婆變身為惡魔，老公只有在心中默念上帝保佑；老公想找武松，但迫於壓力又不敢，只有唯唯諾諾，苟且偷生，在老婆面前連屁都不敢放一個，老婆詫異老公怎麼這麼沒有男人味。

★超級；貴婦級──曉之以理動之以情或嘻笑怒罵，或撒嬌發嗲，或幽默開玩笑，或輕或重，拿捏分寸，既說的在理，又不帶情緒，老婆循循善誘，老公

五體投地。老公想了想，覺得老婆說的對，對於老婆
的教誨做到有則改之，無則加冕。老公還是聽老婆的
話，跟著老婆走。

06 求求你，別講理！

　　漫天的大雪，覆蓋了樹枝、屋簷和街道，但是並沒有給節日的氣氛降溫，相反，促銷的產品廣告和雪花一樣鋪天蓋地而來。

　　劉太太跟先生採購完過節物品，提著大包小包的戰利品從商場出來，雖然兩個人都很累了，但是卻沒有影響到他們的愉快心情。很難得有時間一起逛街，很少有機會孩子不在身邊，更難能可貴的是劉先生居然破天荒的陪太太逛了這麼久，看來過節的感覺真不錯！

　　「累了吧？走，咱們找個地方喝點東西，休息休息。」劉先生從太太的手裡接過最大最重的袋子，然後提議。

　　「算了吧！還是直接回家去，買東西已經花了那

麼多錢了，能省就省。」劉太太騰出了手，把大衣的領子收緊，天氣可真冷啊！

「別小家子氣了，難得過個節，再說這也花不了多少錢。」劉先生盯著老婆的眼睛，語氣有點祈求了，他想趁機抽根菸，畢竟那麼冷的天氣站在馬路上感覺很不舒服。

「什麼叫小家子氣？難道過了節，把錢花光了，以後就可以不用過日子了？你是不當家不知道柴米貴，明年孩子要上鋼琴課，家裡的熱水器該換了……這不都要錢嗎？你的那些薪水哪裡跟得上物價的上漲啊？不都是我一分一分的省出來的嗎？」劉太太站在冷風中，加上過節的勞累，似乎終於找到了發洩口，越說越起勁。

「錢！錢！錢！你就知道錢！」劉先生沒想到自己的一個並不過分的小小的要求，居然生出老婆如此多的責備，早知道這樣，他寧可憋死渴死凍死也不提這個該死的建議。

「什麼叫我就知道錢？錢不都花在你身上了嗎？上次你父親生病，看病的錢不都是咱們出的嗎？如果不是我節省，哪裡有你盡孝心的份？」劉太太覺得老

公一點都不體諒自己，不知道是凍的，還是真因為心酸，鼻尖通紅通紅的。

「你什麼時候變的這麼俗氣了啊？我真受不了你。」劉先生被說到了痛處，再一想老婆說的也有理，於是開始往家的方向走，但還是不服氣的回敬了老婆一句。

「劉天淵！你講不講道理啊？我節省哪點不對了？嫌棄我俗氣？那你去找個不食人間煙火的仙女去啊！」劉太太被激怒了，扔下手裡所有的袋子，大踏步的往相反的方向走去……

「告訴我，他們為什麼又鬧彆扭了，是不是因為冰冰又不乖了呢？」劉睿冰手裡拿著過節禮物——洋娃娃，一點也開心不起來，她不明白爸爸媽媽為什麼才出去了一會，回來就開始吵架了。

車內的音樂震耳欲聾，阿芳手舞足蹈的坐在老公阿榮的身邊，阿榮雖然左手掌握著方向盤，但右手不換擋時絕對不離開老婆的左手，他們這是要去參加朋友家聚會。

小倆口剛結婚不久，感情甜蜜的能膩死人。

如果不是因為害怕交通事故，阿榮的嘴巴可能已

經貼在老婆臉上了，當然阿芳為了這次期待已久的聚會，化了個彩妝，她才不希望老公破壞她花了一個小時的心血。

「咦？親愛的，你確信你知道Jason的新家？」阿芳似乎聽朋友說過新家的位置，但顯然老公走的方向不對，他早該在上個路口轉彎的。

「當然了，寶貝，我不會把你拉去賣了的。」阿榮輕輕拍了拍老婆的臉，示意老婆這樣的路癡不該開口質疑他這個司機。

「那我怎麼覺得好像不對呢？上次Jason跟我說，新家在A路，而你現在是去F路。」阿芳雖然是路癡，但是基本的大路她還是清楚的。

「哦，我走的是一條近路，所以你不知道吧。音樂聲音太大了，你能不能關小點。」阿榮心裡開始嘀咕了起來，該死的Jason，沒事搬家幹嘛？

「哈哈，你走錯了吧！幸虧我提醒是不是？」阿芳關掉了音樂，擰了一下老公的臉。

「走開，別擰我的臉！」阿榮吼了一聲。

「喲，生氣啦？你走錯了，你還發脾氣啊？多虧我提醒呢！」阿芳覺得生氣的阿榮實在可愛，忍不住

又撐了一下。

　　阿榮不說話了，繃著臉開車，也不理睬阿芳了，任憑阿芳講笑話，開玩笑，都不開口。直到聚會結束，阿榮臉上的陰霾都沒有散去，阿芳覺得好奇怪，好好的，老公怎麼生氣了？明明是他自己錯了，還耍小孩子脾氣，真是沒道理！

症　狀

　　老婆很講道理，但是老公不講理，老婆指出了老公的錯誤，老公非但不改，還惡語相向，或沉默抵抗，死不認罪。老公不服輸，老婆氣上加氣，於是家庭戰爭爆發，冷戰持續，老婆跟老公的感情漸漸出現裂痕，婚姻也出現危機。

症狀分析

　　「老公的語言裡永遠沒有低頭認錯的概念。」因為工程師設計老公之初，就定義老公為大丈夫，英雄，硬漢，屬於頭可斷，血可流，嘴不軟的形象。於是才有了眾多教育程度高，也明辨是非的老公，在老婆面前卻不願低頭認錯的習慣。

當然，有時候在外面老公可能為了某些目的和利益，會跟頂頭上司認錯，會向強大的惡勢力低頭，但是一回到家中，在老婆這個弱女人面前，就要維護起自己最起碼的尊嚴。哪個男人會心甘情願的在女人面前低頭呢？

　　就算老公平時對老婆惟命是從，但是老婆一旦說老公錯了，老公就會馬上翻臉，也許有的老公嘴上會認錯，但打心眼裡是絕對不會服氣的。老公往往會像個淘氣的孩子般，被家長老師指責了，會當面認錯，會寫悔過書，但是事後還是一樣我行我素，所以才有老婆抱怨老公屢教不改。其實老公就是個叛逆的孩子，就是個對老婆指責不服氣的傢伙。

　　誰讓老公是男人呢？

　　老婆彈著有理走遍天下的曲子，怎奈道理在老公這裡就是對牛彈琴。說多了，罵重了，難保老公這頭倔牛不會掉轉身來反對老婆「彈琴」——說上歪理一大堆，給老婆的怒氣上再添一把三昧真火，燒的全家雞犬不寧。

　　再說了，家裡哪裡有那麼多道理可講呢？婚姻衝突中其實沒有經緯分明的對與錯，倘若真要分個清楚，

無非也是老公老婆一起對，一起錯，所謂一個巴掌拍不響，夫妻問題不可能只是單方面的。

然而，老婆天生比老公更在意彼此的關係，更能發覺到問題和分歧，這並不是說老婆在無理取鬧，恰恰是因為老婆害怕老公做錯，害怕自己失望——對老公，也對婚姻。

既然老公不講道理，老公不認錯，老婆又何必糾結在雙方的對錯得失裡，庸人自擾呢？就算老公講道理，認錯了，老婆除了感到自我滿意外，對老公的愛就全然展現了嗎？

 解決方法

婚姻裡，家庭中，除了對錯是非道理外，更多的時候是講愛！因為愛，才有理解，才有包容，才有和諧共存。

老婆遇上了牽著不走，打著倒退的不講道理的老公，就別把他往死角裡逼，逼得他作困獸鬥，不然老公可能會盡可能避開你，而下一步有可能就是掉頭走人了。聰明的老婆應該順著老公的個性，把他的脾氣摸透，然後物盡其用的發揮老公的最大能量。

★不講道理——大道理誰都會講，但是說起來容易，做起來難，也不實際，與其跟老公說冠冕堂皇的大道理，還不如從生活細節中讓老公體會你的好。放棄經常說的「我為了這個家如何如何」的開場白，換成為老公改善一下伙食，擦一次皮鞋，縫一顆鈕扣……事情可以很小很小，但是觸動的卻是老公最柔軟的心。如果老公習慣了你無微不至的關懷，還不知感激，那就乾脆罷工一次，讓他體會到沒有你的生活一團糟。這些都是以實際行動讓老公懂道理的方法。

★不說對錯——人無完人，老公身上毛病不少，老公可能會說錯話辦錯事，但是老婆知道就可以了，沒必要跟老公計較，非讓老公認錯不可。你可以乾脆裝傻，裝不明白，不懂。比如：體育比賽裡他常說錯球員的名字，比如：開車走錯了路，比如：說了一個錯別字等等，聰明的老婆不是以事實證明自己的英明，而是會大智若愚地裝不知道，讓老公在老婆面前覺得自己很有本事。做老婆的誰不想省心少長皺紋？既然如此，又何必用錯誤來抹煞老公的威信呢？省得到頭來自食其果，累死沒人疼。

★不辯是非——在大是大非面前老公如果都變糊塗，一是證明老婆當初的選擇錯了，二是說明老婆平時的言傳身教不夠。如果出現原則性的問題，老婆是該提醒老公。但若面臨芝麻蒜皮的小事，你又何必那麼明辨是非？不要在老公的是與非上做過多的糾正，而是要指出後果。響鼓焉用重錘？點到為止，既不傷害老公，又能起到提示的作用。比如老公對受賄而來的東西感到心動時，聰明的妳應該這樣說「沒有這些我們的生活不也過得很好嗎？拿人手短，誰知道送東西的人安什麼心？我的老公又不是貪財忘義的小人，才不會上圈套呢！」如此這般，老公能不明白？

★不談失望——說希望，老公有可能做了一些讓老婆感到不愉快的事情，老婆心裡會有疙瘩，但是老婆不要把這種失望的情緒直接表達給老公。在老公前面前說了，老公不但不能明瞭老婆的意思，還會誤解老婆是在貶損他，於是會出現老婆最不願意看到的情況——變本加厲，死豬不怕開水燙。比如老婆覺得老公不夠上進了，就該把「窩囊，無能，沒能耐……」換成「我希望你在工作上有所成就，我希望你能更努力些，我希望你將來比現在的狀況要好一些……」就

像「你應該更加輕鬆」比「別緊張」更能鼓舞人一樣，
用積極的辭彙去提出意見，老公就等於在無形中就獲
得了老婆正面的鼓勵，而不是負面的打擊，自然會按
照老婆的意思去做。不僅如此，他們還會在心中暗喜
「得如此一賢妻，夫復何求啊！」

相處的技巧

故障排除篇

　　沒有哪個新娘不是滿懷期待步入婚姻殿堂的，
沒有哪個妻子不對老公有所期望的。但是，愛情一旦修成婚姻的正果，
男人和女人，老公和老婆，他們之間的關係就悄無聲息的發生著數以萬
計的化學變化與心理變化。
　　相愛容易，相處難。人是活的，愛情也是會變化的，婚姻更是動態的。
如果老婆和老公攜手踏上了漫漫婚姻長跑的道路，
　　就不能只顧自己腳下的路，還要隨時協調身邊「搭檔」的步伐，
累的時候互相鼓勵，無聊的時候互相逗趣，遇到挫折的時候互相打氣
　　……也只有懂得相處的技巧，身邊的那個人才不會中途退場，
跟你跑完全程，共同創造「最浪漫的事」。
如若不然，以為把愛情放進婚姻的保險箱就萬事大吉，
不聞不問，那麼婚姻的確就是墳墓無疑。

01 關注的眼神能起死回生

「除非你去做整容手術，或者變成外星人ET，否則你的老公眼睛絕對不會在你臉上停留超過五秒鐘。」朴太太失望之極的對閨中密友訴說自己的大徹大悟。

原來，朴太太跟丈夫結婚已近十年，孩子都上小學了，但是朴先生是個出了名的工作狂，一天基本上有十多個小時都是待在辦公室裡，就算是週末或是節假日，手機和電腦也能馬上把家裡變成辦公場所。

朴太太覺得老公的工作似乎已成為他們之間的第三者。

這個醋吃的有點費力，朴太太總不能不讓老公忙事業，但是她衷心的渴望老公能在工作之外，多看自己哪怕一眼，或者多關心她一分。

女人，結了婚的女人，誰不希望自己的老公還對

自己興致勃勃呢？

　　直到朴太太無意間看到報紙上的一則廣告「整型術為女性帶來妙不可言的生活」，她才如夢初醒，她覺得如果能從這個方面重新把老公的「心」喚醒，將真的是妙不可言！

　　於是朴太太處心積慮的安排了一個多月的「出差」，躲在醫院裡完成了手術，然後滿心期待的回到家。

　　結果，朴先生依舊心不在焉，根本沒有發現老婆身上的巨大變化。朴太太除了失望之至外，只能跟好朋友抱怨了。

　　Carry絕對沒有想到，當初那個口口聲聲叫自己「心肝寶貝」的男人，結婚後，就把她變成了愛好之外的「寡婦」。

　　Carry的老公是個十足的足球迷，每當有賽事的時候，就要霸佔著電視，Carry稍有微詞，老公還會理直氣壯的外出跟志同道合的朋友去酒吧看比賽，他說，有啤酒，有朋友，還可以罵髒話，才是至高無上的男人生活。

　　除了球賽會把Carry的老公搶去以外，他們家還有

一個比老婆更嬌貴的「愛妾」——重型摩托車。Carry
的老公每天下班第一時間絕對不是親吻為他做飯的老
婆，而是將車庫裡已經跟他親密接觸了一天的「寶貝」
擦拭一新。老公的房間裡掛滿了各種「寶貝」的照片，
書架上也是清一色的重機車發燒友的雜誌。

　　有一天晚上電閃雷鳴，狂風暴雨，老公立刻起床，
不顧被雷聲嚇得蜷縮在被窩裡的老婆，而衝到車庫去
看自己的「寶貝」有沒有遭雨水浸濕……

　　Carry有時候不免沮喪的覺得，在老公的世界裡，
在老公的眼睛裡以及在老公的心目中，球賽永遠是第
一，摩托車第二，而Carry則最多能算個NO.3。

症　狀

　　老婆渴望老公用含情脈脈的眼神來凝視自己，證
明老公是欣賞老婆的，是打從心裡愛老婆的，但是日
子久了，老公停留在老婆身上的目光越來越少，取而
代之的是令老公更加著迷的升官發財或是業餘愛好，
所以老婆很鬱悶，感覺老公的眼睛和心都不在自己身
上了。

老公①④④
使用說明書

症狀分析

　　也許婚前的老公喜歡用令人心跳的眼神來凝視老婆，但是結婚以後，老公日久生情，早已視老婆為自己的一部分了，於是老公認為：「愛老婆，就要放在心上，當老婆需要的時候在第一時間出現，而不是隨時隨地表現殷勤。」

　　老公是在父權家庭中成長學習的，所以從小就看慣了自己父親對母親的那種含蓄的表達愛的方式，所以無論後來受過多少高等教育，甚至流洋鍍金，也還是因循著父輩的傳統。老公覺得老婆是自己愛的人，所以沒必要客套，只要踏實過日子就行了。

　　然而，老婆是女人，天生對浪漫的期待值很高，尤其是結婚以後，大多還是希望老公能跟追求自己的時候一樣，鮮花、讚美、恭維、凝視……一樣都不能少。

　　有可能老公工作很忙，老公就把上交薪水視為愛；也有可能老公有些愛好，老公就把陪老婆看成了一種不得不盡的義務。

　　但是老公並不知道老婆內心的需要除了物質之外，老婆更在乎的是老公的關注，那怕只是片刻的凝視，

或者是一個關愛的微笑。如果粗心大意的老公忽視了老婆的這種心理「饑渴」，老婆就會感到失望，也就會對老公是否愛自己表示懷疑，久而久之，老婆與老公之間就會產生一些不該有的隔閡。

解決方法

但這一切都並不能說明婚姻中不需要夫妻間的關注，相反，要想維持婚姻的長治久安，老婆與老公之間都需要凝視對方，由衷的欣賞對方，因為那恰好表現出了愛。

所以如果老婆希望老公跟婚前一樣關注自己，別再傻等著老公的自覺自悟，而是主動出擊，先給予，再索取。

情景一：老公忙於工作，疏忽了與老婆建立親密關係，老婆可能心裡已經有了不舒服。但當老公帶回升職或者加薪的消息時候，老婆切莫別當頭給老公澆冷水，來洩憤。而是應該分享這種喜悅，趁此參觀一下老公的辦公室，不忘在上面放一張家人合影的照片來提醒他家的存在。

情景二：老公有很多嗜好，比如：體育運動，比

如：名車古董，老婆為什麼要放棄這種免費的體育私人教練和愛好老師呢？與他一起看比賽或者一起學習新的知識，不但有利身心健康，還大大增加了親密接觸的空間。

情景三：老公可能後知後覺，老公或許無法做到對老婆的關注有所回應，那麼老婆可以提出索要，比如要求老公每天讚美自己一句話，或者撒嬌讓老公看著自己，一起回憶戀愛時的甜蜜等等。

當老公回家埋頭饕餮的時候，老婆可以邊吃邊問：「你覺得今天哪道菜最好吃啊？」當老公指出最愛後，老婆可以說：「那當然了，你知道嗎？為了給你做這道菜，我專門從書上找的配方。」再傻的老公也會感覺到老婆的特殊關照，還會說：「老婆真厲害，老婆真聰明，謝謝老婆。」等等，這樣一來老婆需要的關注和體貼不就送到嘴邊了嗎？

老婆洗了澡躺在床上，可以用嬌媚的聲音問問老公：「你覺得我身體的那個部位最迷人？」邊說邊用手撫摸老公的身體，然後讚美他的肌肉他的身體。

只要老婆關注起老公，適時喚起老公的關注，婚姻的品質也將會大大提高。

02 以柔克剛

Eve縱使有百般無奈，萬般不捨，最後還是不得不跟老公離婚，各奔東西。

這件事說來話不長，但也有很多年了，當初Eve和老公是同學，後來成了同事，再後來兩人就成了上下級——Eve是主管，老公是下屬。

「說實話，就算不是因為工作的關係，我們倆也一樣不會長遠，因為生活中那些芝麻綠豆的小事雖構不成分居或離婚，但累積起來，卻足夠侵蝕掉我對他的愛。我的升職只是壓倒駱駝身上那最後一根不起眼的稻草罷了，這是我們彼此心照不宣的藉口。」Eve是個聰明人，將自己的婚姻剖析的精湛到位，但是理智的背後卻讓人感到溫馨不足，冷酷有餘。

Eve是個精明能幹的女人，無論何時何地，她苛求

自己做到最好,工作上她付出百倍努力,生活中她盡職盡責。

相反,Eve的老公是個得過且過的人,脾氣好到沒話說,這也正是Eve看上他的最重要的一點。

差異可以形成互補,但差異也會造成無法跨越的鴻溝。

Eve和老公是同行同事,所以很看不慣他的有些做法。出於好意,Eve總是會給老公提醒或是出謀劃策,但是老公卻不以為然,或者表面同意,事後繼續我行我素,甚至捅出漏子來,讓Eve不得不去給他善後,誰讓他是她老公呢?

Eve在家是個標準的賢妻,不但家務做的井井有條,還燒了一手好菜。但是老公生性丟三落四,讓她頭痛不已。不是今天丟了錢包,就是明天找不到車鑰匙,再不就是隨手亂丟髒衣服髒襪子……Eve既是他的老婆,又是她的母親,還要兼職當她的管家。

「表面上看,老公的確還是個孩子,但是跟他在一起,我覺得很放鬆。除去因為他不爭氣犯錯誤引發的爭吵之外,我們過的還算不錯,起碼他能容忍我發脾氣。」Eve明顯對老公還有眷戀。

直至有一天，Eve在老公的手機裡發現了幾則曖昧的簡訊。

　　「你根本就不關心我，我在你面前永遠沒有對的時候！我在你心中就是個垃圾，所以你覺得跟著我委屈你了。」老公並沒解釋自己的出軌行為，而是把矛頭指向了Eve。

　　「這就是理由？所以你才找了另外一個女人？」Eve很難想像這種事情居然會發生在自己身上，在她感到難以置信的同時，多麼希望老公給她一個合理的解釋啊！

　　「你從一開始就看不起我，是吧！你和我結婚就是同情我對吧！要不你怎麼那麼看我不順眼呢？我自己的工作要按你的意思辦，我回家還要聽你指揮，只要是我說的就是謬論，只要是我做的就是錯事……你有沒有考慮過我的感受？」老公一改往日的好脾氣，咆哮著。

　　「是你無法接受我升遷的比你快，對吧？那是你不努力，怎麼能怪我呢？」Eve冷靜的想到，自從她升職以後，老公的表現越來越反常。

　　「不！跟你生活在一起，壓力太大了。」老公終

於說到了關鍵。

壓力是什麼呢？Eve想不明白，自己內外兼顧，老公被照顧的無微不至，她只是實事求是的指出了問題，怎麼就成了壓力呢？

難道女強人註定就是與婚姻無緣嗎？看來事業與家庭真的很難兼顧，Eve最終選擇了事業，放棄了不成器的老公，但是每當她身心疲憊的回到空蕩蕩的房間的時候，又開始懷念起兩個人吵吵鬧鬧的生活，畢竟有人吵架總比沒人說話來的強。

症　狀

老公不能接受老婆比自己強的事實，無論在事業上，還是在生活中。一旦老婆表現的精明能幹，老公就會有千般不服氣，跟老婆做對，拆老婆的台，不僅在家會鬧彆扭，還會到外面找人大倒苦水，說老婆給他壓力太大，他受不了。

老婆似乎成了天生的弱者，如果突然成了強者，老公就完全把老婆當異形看，當敵人對待。

 症狀分析

在老公看來，老婆的最佳品質應該是溫柔，溫柔並不一定是嗲聲嗲氣的說話，而是溫柔的對待他：當他高興的時候分享他的快樂，當他傷心失意的時候撫平他的傷口，當他需要回家的時候留一盞燈……

總歸一句話，幾乎每個老公都希望「自己是老婆心目中的英雄。」

如果老婆表現出比男人還男人的強大，讓老公無地自容，望塵莫及，那麼老公就會覺得自己找的不是溫柔的老婆，而是比金剛、比綠巨人、比蜘蛛人都還要強悍的「怪物」。如果在老婆這裡實在得不到他所期待的溫柔，老公很可能就會從其他途徑去找溫柔鄉。

有的女人覺得這個世界很不公平：一方面要女人開放，要與男人共同競爭，還要保留實力，在老公面前裝傻充楞。

其實老婆大可不必這樣想。要知道，需要幫助，學會示弱，是聰明的女人在男人的社會中立足所不可或缺的特質。

在外面打拼的女人都知道，越是能裝傻示弱的女

人越能得到幫助,而往往女強人是「失道寡助」的;在家裡跟老公相處也是一樣,老婆太能幹了,老公不但會懶死還會嫌棄老婆不給他表現的機會,老婆大權獨攬大事全做,最後累的更年期提前,老公才有了絕好的機會去搞外遇。

　　所以老婆要想自己輕鬆,老公高興,家庭和睦,就必須學會示弱,讓想當英雄的人去當,然後悠閒輕鬆的享受生活,享受被老公疼愛的滋潤。

解決方法

　　示弱不等於甘拜下風,而是迂迴的運用小智謀,慢慢學會不動聲色的以柔克剛,操縱全局。

　　以下就是老婆向老公示弱的必備課程:

　　★對待事業,懂裝不懂:老婆可能在事業上有所成就,但是切記不要在老公面前炫耀自己,只要回到家,就要放下架子,在老公面前裝小學生,不妨把工作上一些問題拿來請教老公,然後再說「還是老公厲害,你看我怎麼就沒想到呢?」這樣提問與回答多了,就算老婆真的比老公能幹,老公也不會鬱悶,反而對自己的幕後軍師地位沾沾自喜;老婆任何時候都別對

老公的工作出謀劃策，就算老公請老婆幫忙分析，老婆也要有所保留，不能讓老公覺得你比他能幹或者厲害，如果老婆實在有好的建議，可以委婉的提出來，但是切記要讓老公自己選擇，而不是下達命令。

★對待是非，似是而非：前面已經說了，婚姻生活中老婆與老公之間並沒有大是大非。如果老公真的做了什麼老婆認為是錯了的事情，老婆一定要抓住這個機會示弱，而不是咄咄逼人的得理不饒人。

比如老公遺失了家門鑰匙，老婆要把指責丟到一邊，擺出一副天真的樣子給老公看：「啊？怎麼不見了呢？我要是像你這麼忙，可能也會弄丟，還可能把自己都搞丟了。」老公除了自責外就只有感謝「傻」老婆的可愛了。畢竟，錯誤已經造成了，老婆如果不放老公一馬，吵上一架，又於事何補呢？這種示弱也是一種寬容和理解，是婚姻生活中不可或缺的。

★對待爭執，微笑加眼淚：婚姻生活中的瑣碎問題太多了，老公和老婆之間不可能一點爭執都不起，但是有的時候，爭執太多了，或者爭執升級到了做人身的攻擊和大打出手，婚姻的基石就會被撼動。不如在爭執火苗剛冒出來的時候，學會示弱，退一步海闊

天空。

　　老婆的微笑和眼淚，絕對是老公憐惜到心底的法寶，可以化解無數戰火。比如老公暴跳如雷的時候，老婆可以用微笑來平息他的怒火；老公惹的老婆傷心了，老婆就灑幾滴淚水來釋放感情，博得老公的保護慾，但是記住，默默流淚會比嚎啕大哭更能打動老公的心。

　　★對待老公，絕對崇拜：把老公當英雄一樣崇拜，雖然他並沒有做出英雄的舉動，但是只要老婆發自內心的崇拜，老公隨時都可能表現出英勇神武的一面。老公下班回到家了，老婆迎上前去說聲「辛苦了！」老公拿回薪水了，老婆可誇獎一番說「不錯哦！」老公換了個壞燈泡下來，老婆可以鼓掌道「老公好能幹，給家裡帶來了光明。」……無數表現崇拜、示弱的機會，老婆只要抓住了，無異於是抓住了老公的死心塌地。

03 不如閉嘴

· · · · · · · · ● · ● · ● ●

秦先生的岳父要過六十歲大壽了，他這個當女婿的自然要準備一份厚禮，想來想去，秦先生還是覺得該事先跟老婆商量一下，畢竟老婆是他的女兒，更知道他老人家的喜好。

「送手錶怎麼樣？」秦先生問。

「開玩笑，好的手錶幾十萬，你買得起嗎？一般的，你好意思拿出來？」秦太太隨口否定。

「那，那直接包個紅包吧！你覺得多少合適？」秦先生面有難堪，但還是換了個方案。

「送錢多俗氣啊！」秦太太皺了皺眉頭。

「那你覺得我送什麼合適呢？」秦先生只好把選擇權交回了老婆手裡。

「我怎麼知道？是你這個做女婿的要盡孝心，又

不是我。」秦太太撇了撇嘴。

「怎麼不是你？我當然是代表我們兩個人啊！幫我想想嘛！」秦先生懇求。

「你是不是不想給我爸過壽，所以故意把問題丟給我，既然沒有那份誠心，我看就算了吧！」秦太太不耐煩了。

「我怎麼不想了，你別沒事找事！」

「我看你才是沒事找事！」

……

春宵一刻值千金，翁太太倒覺得，床上一刻重千金。

剛結婚那陣子，翁太太什麼也不懂，只會像個屍體一樣橫在那裡，搞的老公「性」趣索然。雖然性生活滿意度不高，但日子還算過的去，畢竟兩個人都要忙工作，回到家累也累的半死了，誰還會在意雜誌上提出的「性福指數」。

後來翁太太無意間從電視上看到一些兩性心理的專訪，才驚出一身冷汗，原來男人出軌多是因為在床上對老婆不滿意！

於是大徹大悟的翁太太，重新開始審視起自己跟

老公的床上生活，她記得心理專家說，夫妻間要增加信任度，要加強性愛溝通，並將此牢記於心，且開始實戰演習，為的就是想讓老公滿意，想讓老公更愛自己。

但結果，讓翁太太哭笑不得。

當翁太太在床上大加讚美老公強壯的身體的時候，老公則回報老婆一個詫異的表情，然後小心翼翼的說：「你有什麼話就直說，別用這種眼神看我，看的我冷汗直流。」

翁太太從A片裡學來的鬼哭狼嚎，竟然讓老公感到疲軟；翁太太穿上情趣內衣老公則嚇得不敢上床，還用懷疑的眼神打量她……

最要命的就是電視上說的溝通了。

翁太太以為溝通就是說話，於是在做愛的過程中不間斷的與老公探討人生哲理、生活瑣事、電視電影、娛樂八卦……剛開始老公還在氣喘吁吁之餘應答兩聲，到後來乾脆敗下陣來，蒙頭就睡。

事後，翁太太心情沉重極了，她覺得自己為了改善夫妻間的關係，做出了足夠的努力，可為什麼老公就是不配合她呢？

症狀

老婆與老公之間應該是無話不說的親密愛人，但是婚姻中，卻往往出現話不投機半句多。不是老婆不想跟老公溝通，而是老公要麼不理解老婆的意思，一個說東，一個偏往西邊扯，風馬牛不相干；或者剛開始聊天就變相成了吵架；抑或是老公對於老婆的話題不做出回應……

症狀分析

「老公與老婆天生構造不同，因此有巨大的心理差異，所以老公對於老婆的話題，往往不能做出正確的反應，也就是老婆期待的反應，所以用者老婆要儘量學會使用老公的語言，才能使溝通有效。」這裡是說明書中對老婆的忠告。

老婆與老公生活在一起的時間比較長，所以總想當然認為對方都該完全瞭解自己，以至於忽視了措辭習慣的必要性。但是往往一方說出的話，恰好被另一方曲解了，誤解了，才造成了溝通的障礙，關係的破裂。

而且，老婆在婚姻生活中，總是不自知的扮演著那個話說的多的人，因為老婆天生就是喜歡把自己的心中所想一吐而快，卻不考慮方式方法，和老公的感受。老婆覺得既然是一家人，自然不用字斟句酌，結果她也許不知道自己竟然在有意無意間，自覺不自覺地說到了老公的痛處，冷落或者貶低了老公，引起了老公的反感。

　　舉案齊眉，相敬如賓。雖是夫妻間最理性最溫馨的狀態，但說起來容易，做起來難。主要就是因為熟悉，熟悉了就不在乎了，熟悉了就熟視無睹了，熟悉了就不懂得控制了，連起碼的尊重都沒有了，對談又能從何談起？

　　老婆，如果想讓老公跟自己溝通順暢，就請在開口之前，考慮一下老公的想法，他是你愛的人，也是愛你的人，所以一定要倍加注意。

解決方法

　　老婆在開口跟老公說話之前，是否真的做好了「求同存異，互利互惠」的對談準備呢？

　　以下就是老婆與老公進行有效溝通（對談）的方

法：

　　第一：傾聽的必要性：傾聽是溝通（對談）的第一步，只有老婆做出肯聽老公說話的意向，才能讓老公願意表達自己的真情實感，如果老公興致勃勃的描述一場比賽，老婆表現出漠然，久而久之，老公便會覺得與老婆之間沒有共同語言，也就選擇了閉嘴；同時，老婆要多聽聽老公怎麼說，也可以適時瞭解老公的喜好，更有利於老婆選擇恰當的話題與老公溝通（對談）。

　　第二：措辭的重要性：老婆不必出口成章，但切記不可惡語相向。雖然老婆沒把老公當外人，想說什麼就說什麼，但是有些不該說的話，一但說出來，傷害到了老公，別說溝通（對談）會出現問題，就是婚姻關係也會被腐蝕。指責抱怨數落的話，能不說就不說，尤其是帶有人身攻擊的話，辱罵老公家人朋友的詞語，更是大忌。

　　第三：留有餘地：老婆願意毫無保留的把心事告訴老公，但是老公未必就能接受這種毫無保留的心事。比如老婆覺得對現實生活不夠滿意，老婆認為別人的老公很能幹等等，虛榮或者比較的心理老婆自己知道

就可以了，沒必要拿出來跟老公說，增添老公的壓力，因為這些話，老公只會理解為老婆是在對他發牢騷。

第四：恰當時機：天時地利人和，如果本來夫妻關係已經出現了危機，這個時候老婆若是再不注意以上的幾點，多與老公進行一些思想上的交流，在老公看來就是在逼他。而且在氣頭上說話，會越說越氣，說出狠話、說出絕情的話，對誰都沒好處。這個時候不妨讓雙方都冷靜下來，再做商議。最佳的溝通（對談）時機應該是雙方都是心情比較平和的時候，或者都很高興的時候，至少也應選擇在不疲憊的時候。如果時機選的恰當，不但有利於溝通，而且就算不經意出現的一些負面的詞語，雙方也比較不會計較，不會往壞的方面想。

第五：具體化：老婆說話的時候，如果想要讓老公給予明確的答覆，就要把問題說的足夠具體，別指望老公真能心有靈犀一點通，要不老公反應的不對了，不但會讓老婆傷心失望，更違背了溝通（對談）的初衷。

第六：就事論事：老婆是情緒化的，思維也是發散的，所以容易由此及彼，從一件事情說到N年前的

許多件事，這裡不乏老公的「前科案例」，老公的理性思維絕對跟不上老婆的感性思維，所以老公會情不自禁的抵制這種溝通方式，因為在老公看來，老婆並不是想跟他溝通，而是在興師問罪。

The
Husband
Instructions

04　肢體接觸的潤滑作用

・ ・ ・ ・ ・ ・ ・ ・ ・ ● ●

　　陶怡馨每天忙的像陀螺一樣，轉的天昏地暗，身為大學教授，她在學術和教學上都是個卓有建樹的人。

　　但是任何成功的背後都是有代價的，她的代價就是：上次跟老公做愛的時間，好似上個世紀發生的歷史事件。

　　老公是一家公司的老總，平時比她還要忙。兩個人經常都是晚上回家的時候才碰面，然後都累的倒頭就睡。老公有時候跟她開玩笑說：「你完全不必擔心我會在外面做壞事，因為我每天連跟你做功課的精氣神都沒有了。」有時候老公也不是完全沒有需求，但是看到陶怡馨很累，出於關愛和體貼，也就不好意思打擾她了。

　　久而久之，兩個人之間的愛意也越來越淡，老公

很少主動觸摸她，甚至連親吻和擁抱的習慣也擱置許久了。

陶怡馨好不容易等到了假期，心想終於可以彌補兩人的親密關係了，於是她精心佈置了一下臥室，想跟老公好好恩愛一番。結果她卻發現事情出現了變化，老公有點心不在焉，表演的成分多一些，客氣多一些，但投入不夠，其實她自己也感到對老公的身體有些生疏了，醞釀已久的重溫鴛鴦夢，最後不得不在雙方的氣餒中草草結束。

陶怡馨十分難過，他們之間到底是怎麼了？難道他們夫妻生活從此都要以這種彬彬有禮方式進行？還是他們之間有了難以逾越的隔閡？

邵太太苦心經營著一個三口之家，孩子都快上小學了。自從有了孩子之後，邵太太鮮有機會跟老公一起手牽著手散步或者親密接觸了，她覺得自己曾經擁有的女人味，已經被鍋碗瓢盆演奏曲給磨平了，不然，老公怎麼這麼久都不主動親近她了呢？

跟往常無數次爭吵一樣，邵太太跟老公又為了一點生活瑣事吵的不可開交。

一般情況下，邵先生都會主動認錯，遷就老婆，

但是這次不知道是為了什麼，可能是邵太太的言辭太激烈了，惹得邵先生也怒不可抑。

邵太太靜下心想了想，也意識到了自己的錯誤，但是就是拉不下臉來去跟老公道歉，於是她趁老公在廚房忙碌的時候，冷不丁從背後一把抱住了老公的腰，也不道歉，也不說話，就那樣緊緊的抱著。

老公楞了一會，然後慢慢的轉過身來，放下手裡的工作，幫老婆整理了一下耳邊的垂髮，含情脈脈的說：「我知道你也很辛苦，是我不對，但是你已經很久沒有這樣抱著我了，感覺很好。」

邵太太從老公的眼神裡讀出了愛意，然後兩個人心平氣和的坐在一起聊天。

原來，在老公眼裡的老婆從未失去女人味，而是因為忙碌和瑣事而忘記了對老公的關注。老公告訴老婆，上次他感冒在家的時候，老婆關愛的用手背為他測量體溫的那一刻，他就感到了老婆的溫柔和體貼，那種溫暖注入心田，使他全身的毛孔都舒展開了，比感冒藥都管用。

邵太太聽了老公的敘述，才恍然大悟，老公居然喜歡跟她有親密的接觸，而她對此卻一無所知，甚至

有幾次還粗暴將老公伸來撫摸她的手擋了回去,為此她感到後悔不已。

症　狀

老婆跟老公太熟悉了,就成了熟悉的陌生人,大有自己左手摸右手的感覺,那就是沒感覺。於是老婆和老公就不再重溫戀愛初期卿卿我我的肉麻遊戲,接著激情也隨之消減,當老婆想拾起當初的溫柔的時候,居然發現老公不配合了,而且老婆自己也不適應了。

症狀分析

很多老婆抱怨老公是個不解風情的呆頭鵝,但是有多少老婆不是對老公的動手動腳進行制止呢?對,老公對老婆的愛有可能就是表現在「行動」上,老公可能會色迷迷的看著老婆更衣、洗澡;老公可能不忌諱在孩子面前跟老婆擁抱;老公會偶爾手癢捏一下老婆的屁股;老公甚至在老婆忙碌的時候想求歡……

老公是行動型的動物,對老婆的萬般愛意都難以用嘴巴說出來,但是「老婆請別制止老公的肢體語言,否則老公可能因此而一蹶不振或是麻木不仁。」

老婆往往從傳統觀念出發，認為老公對老婆表現親暱就一定是有不軌企圖，但實際上，老公對老婆的動手動腳、眉來眼去都是無言的愛，並非他真想上床求歡，而是表明老婆身上還有無數吸引他的地方，讓他情不自禁想與之親近。

如果老婆一味打壓他的熱情，老公可能就會變的氣餒，不再有所行動了，但是謙謙君子的老公很可能就雄風不再，而且夫妻關係也會在彬彬有禮下變得枯燥無趣。

老婆與老公之間的肢體語言，雖然無聲，但是勝有聲，可以產生神奇的作用，激發心靈的感應，營造愉快的家庭氛圍，使生活變得有情趣。

老婆不必感歎老公與自己沒有心有靈犀一點通的默契，細心的老婆只要注意觀察，充分宣導和鼓勵老公的肢體語言表達，就可以讓彼此的關係融洽，還可以化解矛盾，增加信任度和親密感。

解決方法

口頭語言有一定的局限性，而「行動」——肢體語言正是打破堅冰、改善夫妻關係的有效方法，每天

一些小小行動，就可以讓婚姻中充滿愛意，也會讓矛盾得到緩解，而並非情緒激動，過於敏感：

肢體語言保健操每天執行幾分鐘：

一分鐘：老公出門前，老婆要索吻一分鐘，吻出別離的不捨和依戀。

二分鐘：老公回到家，老婆要上前擁抱老公二分鐘，抱出見面的欣喜。

五分鐘：鬧鐘響了別急著起床，可以賴在被窩裡要求彼此溫暖五分鐘，為一天儲蓄愛的能量。

七分鐘：老公做家務，老婆要用眼神跟蹤，表示出對老公專注神情的癡迷；老婆在廚房忙碌的時候，要撒嬌讓老公陪在身邊，放下沾滿水漬的手，讓老公從背後擁抱老婆，感受被呵護的幸福。

十分鐘：老婆在冬天可以要求老公先上床十分鐘暖被窩；老婆在生理週期也可以讓老公躺在被窩裡給老婆暖腳。

十五分鐘：老公累了一天，如果能一起淋浴，可以互相幫對方搓搓背，抹上沐浴乳以後，還能背對背，或者面對面感受一下滑溜的刺激。

二十分鐘：牽手是夫妻間最基本的親密行為，晚

飯後老婆和老公手挽手去散步，既有助於消化，也能彼此訴說一下心事，還能呼吸新鮮空氣，好處多多，宜長期執行。

除此之外，老婆還可以在很多時候運用肢體語言，為彼此的感情加分。比如發生爭執後，一個擁抱可以讓被語言傷害到的親密恢復；老公心情沮喪的時候，一個憐惜的親吻也會讓老公重拾信心；夫妻關係緊張的時候，一場酣暢淋漓的雙人運動也能讓積怨煙消雲散……老公和老婆之間如果還想透過肢體語言為默契增值，還可以透過一起參加活動來達到，比如一起做家務（老公做重活，老婆做輕活），一起去健身（雙人對打的球類或是雙人瑜伽），一起去郊遊等等。

05 遇上麻辣婆婆

在同事跟朋友的心目中，小雯是個能幹的女人，能言善道，辦事果斷。但是一提起老公的母親，也就是小雯的婆婆，她就一籌莫展，叫苦連天。

小雯當初身邊不乏追求者，老公小廖就是憑藉自己的好脾氣從中脫穎而出的。小倆口本來日子過的還不錯，但自從小廖的母親搬來跟他們住以後，家裡的氣氛就總是烏雲密佈，老公臉上也鮮有笑容。

原來，小雯的婆婆一來，就指責房間不夠乾淨整潔，總會派小雯做一大堆的家務，還說什麼女人不會料理家事就不配為人妻，更別提以後為人母了。小雯白天要上班，晚上回家還要聽婆婆的派遣忙裡忙外，自然吃不消，但每當小雯提出要請佣人的時候，婆婆就會板下臉來說她不會計畫用錢，不是個會過日子的

人。

剛開始小雯想為自己爭辯，但受不了婆婆的大嗓門，而且小廖不但幫不上忙，還會在老婆和母親的爭吵中束手無策，左右為難，原本甜蜜的小倆口卻為婆婆的到來，爭吵到傷痕累累。

小雯也不是沒有想辦法，為了改變這種糟糕的局面，小雯企圖用撒嬌來拉近與婆婆的距離，沒想到婆婆卻訓斥她不懂事，太嬌氣，還含沙射影的說兒子找的老婆不好。

日積月累，小雯覺得自己變了，老公也變了，自己變得沒主見了，老公也變得不愛回家了，因為他一回家就要面對兩個女人的明爭暗鬥。

「以前我跟老公一直都恩愛，可自從婆婆來了以後，我們之間都幾乎不怎麼說話，就害怕一開口就要吵架，這樣的日子我快過不下去了，早知道會這樣，一開始就別讓婆婆和我們同住，現在真不知道以後的日子要怎麼過？！」小雯眉頭緊鎖，一臉痛苦茫然。

甯太太對「婆媳是天敵」早有耳聞，所以自結婚起就沒打算跟公公婆婆住在一起，她以為這樣就能避免所有的爭執發生。

但是，甯太太沒想到，生了孩子後，婆婆不請自來，名正言順，是為了帶孫子，她心裡雖有一萬個擔心，但一想到眼前的手忙腳亂，還是答應了下來。

婆婆來的當天，甯太太就吃到了苦頭。原來她跟老公為了給大老遠來的婆婆接風，在酒店訂了一桌飯菜，沒想到老太太還沒動嘴吃，就開始數落起他們，說他們鋪張浪費，不懂得節省，明著是說自家兒子，暗裡卻把矛頭指向了不會當家的兒媳婦──甯太太。

飯沒吃飽，氣倒是受了不少，甯太太從婆婆的眼神語氣就察覺出了不滿意。

此後的生活，婆婆雖然包攬了所有家務和帶孩子的事情，讓甯太太比較安心，但是卻逃避不了婆婆隨時倚老賣老氣勢洶洶的指責，當然這些在甯太太這裡都是預料中的事，所以對於婆婆的刁難，她也就睜一隻眼閉一隻眼，得過且過了，畢竟婆婆是好心，是在幫忙。但最讓甯太太受不了的是，婆婆總是不願意給她和老公留下個人空間。

甯太太想趁婆婆晚飯後洗碗的時候，帶著孩子和老公一起去散步，婆婆卻也放下手裡的活，要跟著去；甯太太跟老公並排坐在沙發上看電視，婆婆就會硬生

生的坐在他們中間；做完月子，甯太太想跟老公恢復
夫妻生活，也被婆婆制止，說孩子要跟母親睡，才好
隨時給孩子餵奶；更可氣的是，每次甯太太跟老公在
家表現出親暱一點，或接吻或擁抱，只要被婆婆看到，
婆婆就會用咳嗽之類的聲音警告，要不然就是把老公
叫到一邊去說話，非常掃興。

　　孩子都滿周歲了，甯太太卻失望的發現婆婆並沒
有要離開的意思，既不能卸磨殺驢趕婆婆走，又覺得
現在的生活很彆扭，為此甯太太還經常跟老公吵架……

症　狀

　　老婆原本以為結婚就是跟老公在一起廝守到老，
沒想到老公的背後還有一個附贈產品——婆婆。婆婆
的到來，或者與婆婆的相處，都是老婆最頭痛的問題，
既要維護家庭團結，還要避免因生活差異而產生出的
無數的矛盾。

　　老公不是不想改善，往往老公一邊努力維繫老婆
與母親的關係，一邊又要飽受兩方的氣。婆媳大戰直
接導致的後果就是夫妻關係緊張，婚姻城堡在婆婆的
「入侵」下岌岌可危。

 症狀分析

　　老公在成為老婆的老公前，就是從一個女人身上分離出來的，也是被這個女人養育成人的，這個女人就是老公的母親。

　　所以老公生命裡的第一個女人不是老婆，而是他的母親，也就是老婆的婆婆。

　　試想，如果你精心飼養了一隻寵物，給它餵食，給它洗澡，陪它玩耍，隨時隨地關注它的心情，與它分享喜怒哀樂，直至有一天，家裡來了另外一陌生人，而你的寵物把你晾在一邊，跟這個陌生人諂媚撒歡，絲毫不顧及你的存在，你會怎麼想？

　　除了心裡暗罵寵物是沒良心以外，是不是會將更多的仇恨記在這個陌生人帳上呢？

　　所以，婆婆天生就容易有記恨奪子之愛的個性，無論婆婆如何知書達理，如何有知識修養，這種記恨是天生的，只不過每個婆婆的表達方式不同罷了。

　　老公不可能拋棄母親，如果一個男人對自己的第一個女人都不好了，那就別指望他能對老婆好；同時，婆婆也不可能不「仇視」媳婦；做老婆的如果明白了

這兩點，基本上就該為自己定好了位：「老婆沒必要愛你的婆婆，處理與婆婆關係的唯一途徑，除了同化還是同化，當老婆和母親結成求同存異的統一戰線後，家庭才能減少戰火——那就是愛老公。」

因為愛，老婆才可能愛屋及烏，體會到婆婆的苦衷，才會寬容婆婆的刁難；也是因為愛，婆婆也會理解老婆的做法。

至於不可避免的摩擦和爭執，任何人之間都是會遇到的，處理這種家庭問題，就需要老婆的聰明才智了，當然，老公如果能助老婆一臂之力，將會是雪中送炭。

畢竟，一個是母親，一個是妻子，老公是真的哪個都不想失去。

解決方法

聰明老婆應對麻辣婆婆的祕笈：

第一招：歌功頌德。對於在生活上喜歡說三道四的婆婆，在一般的情況下，都是屬於控制慾比較強的人，對於這種婆婆，切記不可硬碰硬，因為她們是自尊心很強的群體。

所以老婆就該從維護婆婆的尊嚴出發，可以在其

面前多表揚老公的優點,再說稱讚婆婆的教子有方,最後歌頌其治家有道,理財有方等等。雖然只是幾句話,但是內心得到了滿足的婆婆,多半會對媳婦的俯首稱臣感到舒心,自然也就不會多為難「自己人」了。

第二招:尋求外援。老一代的人思維和行為方式已經日積月累形成了一個固定的模式,也就是頑固,所以婆婆說的再不對,做的再離譜,她都對此有理由,做媳婦的再如何循循善誘,也說服不了,反而會增加彼此間的誤解。

但是婆婆不能改變,老公可以改變,當老婆與婆婆發生隔閡的時候,一定要把老公拉到自己麾下,讓他去幫你說話,一來婆婆對老公沒話說,二來也可以減少摩擦的發生,同時,老公站在老婆的立場,老婆布心理上和情緒上也會有莫大的鼓舞。

老婆一定要讓老公明白,雖然母親對他恩情比天高比地厚,但陪他走完一生的人非你莫屬,這樣才能防止棄老婆,親母親的「愚孝」老公。

第三招:建立同一戰線。在大多數情況下,婆婆都會把媳婦當成「編制外人員」,心生隔膜,對兒子格外偏心,好吃的好用的留給兒子是天經地義的,但

是夫妻間出現了問題，毫無疑問婆婆會偏袒兒子，認為是媳婦的不對。

對此，老婆就別跟老公爭寵了，這是爭不過的。於是，在婆婆面前，老婆就要表現出對老公的關心和照顧，讓婆婆知道自己也是疼愛她兒子的，漸漸的，婆婆就會增加對媳婦的信任感。

另外，當婆婆數落兒子某些小毛病的時候，媳婦也該及時站在婆婆一邊，幫助老公糾正，時間長了，老公一旦有了晚歸或者外心，婆婆還能為你說話，何樂而不為呢？

第四招：有所為，有所不為。當著老公的面，無論婆婆在不在身邊，都別指責婆婆（也包括老公身邊所有的親人）的不是，相反，應該多表揚婆婆的好處，說不定這些話傳到婆婆的耳朵裡，她就會在心裡為你加分。

老公孝敬婆婆的時候，老婆一定要由衷的感到高興，並鼓勵老公；當著婆婆的面，切記不要與老公表現的特別親暱，或者對老公叱責，私底下無論老婆跟老公如何親暱，都是對的，也不管老婆對老公做出哪種「家庭暴力」，那是打是情罵是愛，或是家庭內部

問題……但這些過激烈的行為言辭在婆婆看來，可就不是什麼好事了，老婆跟老公太親暱了，婆婆會「吃醋」；老婆對老公指責，婆婆會覺得心如刀絞，比你直接罵她都還要讓她難受。

The
Husband
Instructions

子女的出現與老公的協調

額外負荷篇

俗話說沒有孩子的家庭不是完整的家庭，沒生過孩子的女人不是完整的女人，但是有了孩子以後，老婆的精神壓力和工作量就會徒然增大，因為要兼顧賢妻之外還要有良母的重任，如果身為老公的他此時不幫忙，或者越幫越忙，怎麼辦？

有了孩子就多了一個人，養育孩子，教育孩子，雖然說天性細膩的母親首當其衝，但是孩子畢竟是兩個人的結晶，需要的是父母雙方的愛，那麼爸爸、媽媽和孩子之間的三角關係又該如何協調呢？

如果說結婚，讓老公和老婆一起學會如何為人夫，為人妻，

那麼生子則是讓老公和老婆一起再次升級，成長為父母。

此時老公這個大小孩到底會不會因為自己孩子的降臨變的成熟，

在很大的程度上還是需要老婆的諄諄教誨。

01 孩子絕對不多餘

宋太太原以為婚姻就是兩個人的世界，從此以後就有人陪她逛街、陪她吃飯、陪她看電視了，但是宋先生白天在外上班，回到家除了吃飯睡覺，只知道悶在書房裡打電動，但凡有一點時間，也不會錯過讓自己快活，全然無視於老婆的感受。

二十六歲的宋太太於是計畫要個孩子，既然老公不願意陪伴她，生個孩子來充實他們的生活不是很好嗎？況且，很多人都說，有了孩子以後，老公的責任感會增強，家庭也會更穩定。

宋太太找了個機會跟老公商量「造人計畫」，但宋先生一聽就大搖其頭，他說現在的二人世界他還沒有過夠，忽然間就要孩子，他沒有心理準備，也沒有財力支持。宋太太也只好順著老公的意思再等等。

　　可是，老公一邊大喊沒錢養育孩子，一邊卻張羅著買車計畫，直到這時宋太太才明白老公不想要孩子的諸多理由無非都是藉口。

　　宋先生享受著婚姻和性愛的權利，卻不想盡家庭和生育的義務，為此宋太太絞盡腦汁的跟他談判，嘔氣，鬧彆扭。

　　宋先生說是老婆在逼他，而宋太太覺得自己正當生育年齡，想要生個孩子是天經地義的，老公不配合，只能說明不負責。

　　宋太太和老公之間的造人之爭就像骨牌效應，一旦第一張牌倒下了，其後無數的問題都接踵而至，本來就不甚和睦的婚姻一下子被逼到了死胡同。

　　Coco結婚已經五年了，正處在事業巔峰期的她不想因懷孕生產而被「淘汰」，所以把生孩子的問題一延再延。

　　趁著年輕生孩子，母親恢復的快，孩子也會健康一些，這個道理Coco不是不知道，但是她也親眼看到以前的一個女副總，精明能幹又漂亮，可一生完孩子，不但因為休假被人接替了要職，換到了次要職位，而且原本白皙的臉蛋上也多了幾片陰影──「蝴蝶斑」。

　　這個活生生的例子讓Coco對生孩子這件事有了恐懼，每次跟老公歡樂之前，她一定會做好充分的防護準備，她可不想讓「意外」自毀前程。

　　Coco的老公是個超級喜歡孩子的人，每次散步時只要遇到小孩都要過去逗一逗，還刻意的跟老婆說：「你看他們一家三口多麼幸福啊！你不覺得我們之間還少了點什麼嗎？」

　　「你們男人又不懷孕，又不分娩，也不怎麼照顧孩子，當然覺得小孩子好玩了！」Coco眉毛一挑，言語裡的刻薄就跟暗器一般，傷的老公面無表情，且經脈全斷。

　　武林高手往往敗就敗在太輕敵。

　　Coco小視了自認為盡在掌控之中的老公，他暗中動了手腳，Coco始料不及的懷了孕。

　　跳脫憤怒的Coco要去做人工流產，她都還沒出門就接了老公的連環招，老公搬來了救兵，兩家四個長輩一起出動，勸說Coco。

　　什麼年紀不小了，孩子不能不要……

　　Coco表面對長輩順從的應和，但心裡卻覺得老公太陰險了，現在別說是孩子了，她堅信他們的婚姻都

已失去了信任的基石。

症　狀

　　有些老公跟老婆在要不要孩子或什麼時候要孩子的問題上，無法達成一致。

　　有的老婆很想當媽媽，但是老公還不想當爸爸，老婆覺得老公是個不想負責的人；相反，也有老婆還對當媽媽沒做好準備，但是老公卻躍躍欲試想為人父，老婆覺得老公不體貼她身為女人的苦衷。

　　精子和卵子還沒有結合，老公和老婆就已經吵得快離婚了。

症狀分析

　　老公不想要孩子有老公的理由，二人世界如此美好，為什麼要多添一雙筷子，多添一份煩惱呢？老婆不想要孩子也有老婆的理由，女人生孩子是受罪，十月懷胎，一朝分娩，生的時候痛苦，養的時候比生的時候更痛苦，為了生孩子，女人可能丟了工作，失了身材，損了健康。

　　老公老婆要孩子理由更充分，人類要繁衍，家庭

責任要盡，老了需要安慰，孩子就是生命和希望的延續，那邊還有虎視眈眈的長輩在監督督促。

不要孩子有道理，要孩子更不需要理由。

孩子，要與不要，不重要，重要的是老婆和老公對於是否生小孩和什麼時候生小孩，想法一定要一致。

想法一致了，就算不要，老公跟老婆也會相安無事，共同抵禦「外敵」施加的壓力；要的話，老公跟老婆也能積極配合，為孩子的降臨做好一切生理、心理和財力上的準備。

畢竟，孩子是兩個人的孩子，一個人說了不算。否則，各執一詞，絕對是家庭和諧的隱患，孩子還沒降臨，婚姻可能已經岌岌可危。

解決方法

如何才能使老婆跟老公的造人計畫一致，的確是一個傷腦筋的事，尤其是遇上一廂情願的情況。但每個家庭的情況不一樣，絕不能一概而論。

那麼，無論要與不要，老婆都該跟老公坐下來，心平氣和的充分溝通，看看有了孩子的好處和壞處，你們真的做好準備了嗎？

壞處：

★孩子需要父母投入大量時間、精力、金錢。

★老公和老婆之間的空間基本上都被孩子佔據。

★可能會影響父母的工作。

★孩子不會按照父母的要求成長，為此老婆和老公之間也會引發衝突與爭執。

★孩子可能對父母不知感恩，為此老婆和老公都會互相埋怨，並傷心不已。

好處：

★給父母帶來無以倫比的快樂，是任何金錢都換不來的。

★讓家庭變的更有意義，生活也變的更充實。

★在孩子的身上能看到生命的延續，老婆和老公都會覺得有活力。

★有了孩子，會促進老公和老婆的成長，不斷學習。

★會讓老婆和老公更有責任感，對家的責任感，對社會的責任感，乃至對自己的責任感。

沒有準備的生下孩子，是對孩子的不負責，所以事前老公和老婆一定要就此規劃好，才能讓孩子豐富

生活,而不是顛覆生活。如果年輕的時候,老婆跟老公不想要孩子,不想為孩子付出,那麼也要做好準備,坦然面對年老後的孤獨感。

02 應該要求老公與老婆一起分娩嗎？

半年前，翟先生和太太一起見證了女兒的出生，翟太太事後總是感激老公說幸虧有他在身邊，使得她充滿勇氣，因為自己不再是孤軍奮戰。

孩子出生那天，翟先生本來在產房外面忐忑不安的等待，後來護士通知他說翟太太很痛苦，問他是否願意進去陪她，翟先生想都沒想就跟著護士進了產房，因為他太擔心了。

換上消毒過的隔離衣後，翟先生來到了老婆的身邊，看的出來老婆已經筋疲力盡了。翟太太見到老公馬上就抓住了他的手……

伴隨著老婆的陣痛，翟太太和翟先生的手抓的越來越緊。間隙的時候翟先生還不停為老婆擦汗，用語

言鼓勵他。

翟先生守候在老婆身邊，一直表現的很冷靜，但是，當孩子伴隨著鮮紅的血液一起從翟太太的子宮裡擠出來的時候，血濺到了翟先生身上，他兩眼一黑，就暈厥了過去……

孩子很健康，翟太太也很欣慰有老公的陪伴，雖然老公有點害怕見血，但是醫生說這種情況很常見，她也就沒當回事。

可是，現在孩子已經半歲多了，「禁慾」近一年的翟先生居然絲毫沒有想跟老婆親近的意思。

「鮮紅的黏液包覆著孩子的頭從你那裡出來，我一回想到這一幕，就心發慌，兩腿發軟，更別提那個了。」翟先生對於老婆提出的要求感到無可奈何，他也不知道自己是怎麼了。

Sally又哭了，這是她生完孩子的第一周，因為剖腹產導致的傷口疼痛，使得她既不能餵孩子母乳，也不能下床，最重要的是，老公不在身邊，隨時襲來的無助感總讓她淚水漣漣。

Sally的老公是個員警，突發情況的一通電話，隨時都有可能讓他離開嬌妻和baby，雖然他把母親接來

老婆身邊照顧孩子，但是Sally其實最需要的還是老公的關懷。

婆婆依照傳統，不允許Sally下床、洗澡、外出、看電視……據說只有等做完月子以後才能正常行動，否則會因此患上終生難以根治的疾病。

婆婆還每天燉雞燉豬蹄給Sally補身體，但是沒有活動量的她那裡吃得下？加上補的東西太燥熱，使得Sally飽受便祕的困擾。正值酷暑，婆婆不但不讓她洗澡，也不讓她吹冷氣，Sally每天帶著汗水浸濕的身體躺在床上，覺得自己已經成了一塊發臭又正在腐爛的肉。

生產時的痛苦，生產後的無奈，這一切都讓Sally覺得生不如死，她對孩子無心照顧，更對老公懷恨在心──就是他讓自己受罪，還不在身邊照顧她。

痛苦煎熬每一天的Sally不禁開始盤算，如果老公再不來關心自己，等做完月子就跟他離婚，誰叫他對老婆孩子都漠不關心呢？

症　狀

老公只負責「播種」那幾分鐘的事情，卻把懷胎十月的折磨和生產的痛苦留給了老婆，老婆覺得上天不公平，獨獨讓自己受罪。老公要麼對於老婆的生產漠不關心，要麼陪產後就出現心理或生理的異常。

究竟該不該讓老公感同深受的陪老婆生產，老婆也開始猶豫起來了。

症狀分析

生的是老婆跟老公共同的孩子，老婆當然有理由叫老公陪在身邊。因為分娩對於老婆來說也是完全陌生的經歷，老婆會恐懼、害怕，需要得到親人的撫慰，老婆尤其渴望老公陪伴在身邊給予她莫大的勇氣。

但是，老公是男人，女人能生孩子對於他來說，是件極其神祕的事情。

尤其是在東方國家，生理知識不夠普及，在這裡成長起來的老公，往往對於老婆懷孕生產都是倍感陌生的，毫無準備就讓鮮血淋漓的分娩場景在他面前暴露無疑，不僅是殘忍的，而且也是需要冒風險的。

老婆的神祕感,有可能就會在生產過程中土崩瓦解,讓老公再也燃不起對老婆的性趣之火了,因為他會不自覺的回想起那個他為之神往的地方,曾經一度「血口噴人」。

但是,如果老公能在陪老婆分娩的過程中,體會老婆的不易,分擔老婆的痛苦,生完孩子後,老公和老婆的關係會愈發親密,因為他們風雨同舟,共同見證新生命降臨的偉大時刻。而且,老公只要切身體會到了老婆經歷的痛苦,也會在日後對老婆格外體貼。

所以說,老公陪老婆分娩雖利大於弊,但是也要因人而異,老公在此之前應先做好充分的準備。

老婆沒必要強求老公陪產,因為你要對自己老公的心理承受能力有所瞭解;老公也沒必要對陪產有恐懼,因為只要事先對分娩過程有充分的認識,到時候自然也就不會驚恐無措了。

解決方法

老婆如果發現老公有以下症狀,最好就不要勉強老公去陪產了,其實站在產房外守候的老公,心絕對

是跟你在一起的，畢竟生產中最重要的還是母子平安：

　　①心理素質差的老公，平時遇事容易激動的老公不宜進產房，到時候情緒失控的老公有可能會影響醫生的正常工作，對誰都沒有好處。

　　②不能見血的老公，膽子大膽子小都在其次，但是一見到血就會暈厥的老公，會讓醫生不知道該搶救產婦孩子還是這個大活人，會越幫越忙。

　　③事先看到分娩場景就會感到不自在的老公，如果老公在陪老婆一起接受產前教育的時候，對於某些血腥畫面就已經表現出難以接受的情緒，老婆就不要要求老公一起去受罪了，而且產婦在分娩之前，自身也儘量少看少聽負面的宣傳，否則不但會加劇心理負擔，還會增加分娩時候的疼痛。

　　如果事先老婆和老公都溝通好了，打算讓老公陪產，那麼老婆要讓老公知道陪產不是站在產房裡無所事事，而是需要提前做好以下的準備：

　　★分娩的知識：要讓老公事先學習與分娩相關的知識，知道分娩的過程，也要對分娩過程中出現的意外有所準備。比如：老婆分娩時候出現的疼痛是屬於正常生理現象，老公不必為此擔心。

★心理準備：陪產的目的是讓老公在精神上給予老婆支援，做必要的後勤工作，如果到時候老公手忙腳亂，或者情緒失控，就會干擾了老婆的正常分娩，失去了陪產的目的。同時，老婆要告訴老公，如果老婆因疼痛等造成的情緒失控，老公也應表示理解和寬容，並輔以語言和肢體上的安慰，在最大程度上緩解老婆的不安。

★緩解疼痛的措施：老公不能代替老婆承受痛苦，但是老公握著老婆的手，對她說親密鼓勵的話，可以讓老婆緩解精神壓力。或者老公可以跟老婆一起進行呼吸調整，以便順利生產。如果老婆因為宮縮的巨大疼痛無意間將老公的手弄傷，老公也要理解，畢竟老婆承受著更大的痛苦，這點傷，只能是愛的證明。

★準備適當的食物：老婆生產過程中會消耗大量的體力，有的時候也會因體力不支而難以繼續生產，老公應提前準備一些適合老婆及時補充熱量的食物，比如：糖水、巧克力等。

另外需要提醒的是，老公如果陪產後出現了心理異常，老婆首先要表示出理解，其次就是耐心開導，最後必要的話還是求助心理醫生。

如果老婆覺得老公陪產並不適合自己，可以事前先做溝通，將產前和產後的一些家務請老公分擔，讓他學會體貼老婆，還要讓老公知道如果老婆出現了情緒異常，也是屬於正常現象，讓老公在心理上有所準備，而不至於因產後抑鬱情緒導致家庭糾紛，讓新生命的出現為夫妻間增添活力而不是負擔。

The
Husband
Instructions

03 失寵的老公

林先生下班後馬不停蹄的趕回家,因為今天他升職了,而且還額外得到了一筆可觀的獎金,他想把這個好消息第一時間告訴老婆,當然,還有自己一歲多的兒子,雖然小孩可能還聽不懂,但林先生一想到老婆和孩子,臉上還是流露出滿溢而出的幸福。

林先生一隻腳踏進家門,另一隻卻差點踩到兒子的玩具汽車上,他這才發現兒子剛吃完東西,吐了一地,林太太滿頭大汗,手忙腳亂的在收拾被弄髒的地毯。林先生正想衝過去給老婆一個擁抱,告訴她這個驚喜,結果卻被老婆指示去廚房關燒好的開水。

吃飯的時候,林先生根本沒有機會開口,因為他在用嘴咀嚼食物,而老婆卻不想讓他的耳朵休息。

「今天寶貝哭了三次。」

「附近超市的紙尿褲正在打折。」

「寶貝的奶粉快吃完了。」

……

聽完了一連串關於寶貝兒子的「光榮事蹟」後，林先生看著老婆疲憊的神情，也就把預先準備的「捷報」連著飯菜嚥了下去。

洗完碗，給兒子洗完澡，幫老婆打掃完兒子白天的戰場，哄睡兒子……當林先生醞釀好情緒，剛想跟老婆聊點什麼的時候，老婆已經昏然睡去。林先生憐惜的看了看老婆，打算明天下班去跟朋友聚會，畢竟這個家越來越忽視他的存在了，他也愈發不想回來了，因為老婆的注意力都在兒子身上，而自己則是個可有可無的透明人。

Dennis跟老婆Caroline如願以償，有了一個乖巧的女兒，他們的生活前所未有的充實了起來，也充滿了歡笑。

但是讓Caroline沒想到的是，老公那麼大一個人，居然有時候表現的那麼小氣，跟孩子計較。

上週末，一家三口去電影院看《變形金剛》，剛上幼稚園的女兒顯然對電影裡的機器人入了迷。一路

上惟妙惟肖的模仿著變型的聲音「齊齊卡卡」，逗的Caroline和老公樂不可支，趁著高興，Caroline就問女兒「你是變形金剛裡的誰？」女兒回答「我是爵士，媽媽是大黃蜂，爸爸是轟天雷。」

沒想到，孩子的童言無忌卻讓Dennis大為光火。

「為什麼你和媽媽都是好人，爸爸就成了壞蛋？」Dennis瞪大了眼睛，聲音也提高了八度。

結果女兒被父親突如其來的質問給嚇哭了，Caroline哄了許久，外加一個霜淇淋才讓女兒破涕為笑，而老公卻在一邊幸災樂禍。

平時如果Caroline跟女兒玩遊戲玩的過於專注，而忽視了老公存在的時候，Dennis就會用特有的方式表現其醋意。比如他的頭疼會說來就來，而且必須要老婆為他找藥；要不然就是他的工具找不到了，非得老婆親自出馬；再不然是家裡的瓷器會莫名其妙的摔壞……

為此Caroline也曾耐心的跟老公做溝通，希望能改善他與女兒的關係，而老公的話卻讓Caroline更為吃驚。

「說實話，我真希望我們沒有這個女兒，那樣我們就可以恢復到以前親密的二人世界了，你現在根本

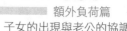

就不關心我。」

　　Caroline不明白，明明是他們自己的孩子，老公怎麼會吃醋呢？而且還會說出如此惡毒的話，簡直不可思議。

症　狀

　　老公既不體諒老婆帶孩子的辛苦，還莫名其妙的跟孩子爭寵，跟孩子過不去。老婆除了震驚之外就是不理解，老公為什麼會跟孩子一般見識，這個孩子又不是我跟外人生的，老公怎麼就不懂這個道理呢？

症狀分析

　　老公說到底還是像個孩子，尤其在自己老婆面前卸下了偽裝，更是一個需要老婆隨時呵護的大男孩，他需要老婆崇拜，他渴望老婆關注，他要聽老婆讚美，他也希望躺在老婆胸口前撒嬌……再大的大男人，只要有了老婆，就巴不得老婆眼裡只有自己。

　　因為，愛是自私的。

　　但是女人一旦有了孩子，就會把所有的母性激發出來，全心全意的傾注在孩子身上，尤其是孩子尚小，

嗷嗷待哺,更是離不開母親半步。這是天性使然,一點都不奇怪。

老婆成為了母親之後,注意力和心就不會離開懷中的寶貝一分一秒,但是也可能因此而忽略了還有一個大寶貝正處在精神饑渴,嗷嗷待哺中——他也需要愛。

尤其是夫妻關係本來親密無間,但被降臨的孩子打破平衡以後,老公往往難以接受被冷落的事實,不是說他不愛孩子,而是他更希望孩子擁有母親的同時不要奪取他的老婆。

如果老婆認為老公跟孩子爭寵屬於無理取鬧,忽視他的需求,無論是心理的還是生理的,那麼最終的結果將是老婆最不願意看到的情況——老公到外面另起爐灶。

所以說,老婆從懷孕到孩子上幼稚園前,正是老公出軌的高危險時期。

不要因孩子的出世而使得老公和老婆之間的愛情降溫,那麼老婆可要在愛寶貝的同時,多關注一下這個大寶貝——老公。

解決方法

挽救失寵老公的「最佳」方法：

★『最省力的方法』→讓老公成為奶爸，老婆帶孩子已經累的半死了，老公不僅不理解，還要以老婆不關心他為藉口出去尋歡作樂，你說氣人不氣人？老婆別以為老公粗心大意就帶不好孩子，把所有的事情都一個人做完了，其實奶爸是可以鍛鍊出來的，多鼓勵老公為孩子換尿布，餵吃的，抱孩子，哄孩子，幫孩子洗澡，讓他助老婆一臂之力，一來可以為老婆省力，二來也能讓他更瞭解老婆帶孩子的不易，還能增進孩子與老公的感情，一舉多得。

★『最浪漫的方法』→安排親密的情事，許多老婆有了孩子之後，就忽視了跟老公的親密，久而久之對婚姻的傷害很大，也不利於夫妻關係的維繫。找一天心情好的時候，早早哄孩子睡覺，然後穿上性感的內衣或是睡衣，給老公一個驚喜，相信找回失落已久的溫情一點都不難。

★『最簡單的方法』→睡前十分鐘談心，白天可能太忙了，老婆無暇顧及老公，那麼不妨抓緊睡覺前

的十分鐘,暫時拋開孩子的問題,多問問老公的工作,跟老公撒撒嬌,聊一聊彼此的心情,說一些甜言蜜語,讓老公覺得有受重視的感覺。

　　★『最有效的方法』→回歸二人世界,老婆一周騰出一天,把孩子交給父母,或者保姆,然後安心的跟老公一起去看電影,逛夜市吃東西,重溫二人世界的甜蜜。如果條件允許的話,孩子足夠大,斷了奶,那麼老婆可以暫時給自己給老公放個假,一起去度假,時間不需太長,但是離開了孩子瑣事的環境,會讓老公與老婆的關係重新升溫,回到剛結婚的「蜜月」時光。但是前提必須先把孩子安頓好,否則老婆的心還在孩子身上,自然假期的好心情就會蒙上焦慮和擔心的陰影,適得其反。

04 好爸爸也需要教育

乍一看，Nemo絕對稱的上是黃金單身漢，帥、有錢、事業成功。最重要的是，他還是個單身，所以被種種外在過於夢幻條件給吸引住的女人——小蓓，才跟他約會了幾次就被電的外酥裡焦，喜氣洋洋，如獲至寶的嫁給了Nemo。

還在蜜月期的小蓓，就發現Nemo根本就是一個被寵壞的孩子，日常生活別指望他能照顧小蓓，他連自己都管理不好，小蓓不僅要包攬所有家務，還要伺候他所有的衣食住行，甚至督促他換內褲襪子。小蓓覺得自己就是老公的另外一個媽媽。

一切都還來不及抱怨，在長輩的囉嗦和督促下，小蓓還是在婚後一年就爭氣的生下了孩子。這下，小蓓的處境就更艱難了，要照顧孩子，還要服侍老公，

小蓓累的身心疲憊不說，老公卻還要撒嬌任性。老公會因為飯菜稍微不可口就跟老婆抱怨，老公還會跟兒子搶零食電視。

無奈的小蓓覺得自己才結婚就當了單親媽媽，而且還是兩個孩子的媽媽，一想到未來的生活她就覺得前途渺茫，老公不成熟，怎麼能擔當起日後教育孩子的重任？總不可能讓她一個人又當爸爸又當媽媽。

五歲的琪琪在幼稚園還比較聽阿姨的話，可一回到家，儼然成了主人，玩完的玩具丟的到處都是。有一天媽媽看到後教育琪琪，要學會自理，結果琪琪不但不聽話，還乾脆躺在地上打滾，賴著不起來。媽媽正在氣頭上，不料爸爸卻站出來指責媽媽的教育方式太死板，結果為了孩子，媽媽跟爸爸大吵了一架。

「你別帶著情緒管孩子，她還小，你要有耐心嘛！」爸爸俯下身去抱琪琪，琪琪撲在爸爸的懷裡，有了靠山，狐假虎威，也對著媽媽翻起了白眼。

「你有沒有管過孩子？你要是管，我就不管了，隨便你怎麼溺愛！」媽媽發火了。

「什麼叫不管？我只是說你的教育方式有問題。」爸爸放下了琪琪，積極的投入到跟媽媽的戰鬥中去，

針鋒相對。

兩個人的聲音越來越大，琪琪嚇壞了，看看媽媽，又看看爸爸，不知道發生了什麼事情……

剛上考上大學的周林，到處邀功，吵著鬧著讓父親買一台數位相機給他，但是爸爸覺得上了大學以後的周林，應該把全部的精力放在學習上，至於娛樂，應該先緩一緩。

沒想到，第二天周太太就把兒子中意的相機買了回來，周林見到了禮物，喜出望外，讚不絕口的連說還是媽媽對自己最好。

爸爸原本想讓兒子自己打工賺錢買相機的計畫就落了個空，於是對老婆開始抱怨起來。

「孩子要什麼你就滿足什麼，他現在已經成人了，應該懂得自食其力，難不成你一輩子養著他？」

「兒子從小到大，你要麼就不關心，要麼就只知道打，你什麼時候真正關心過他的需要？是我把兒子養到現在的，你有什麼資格教訓我？」老婆理直氣壯。

「得了，你們繼續吵，我出去玩了。」周林從小到大聽父母的爭執還少嗎？他才不想知道父母是因為什麼吵架，在他看來，父母吵架只是一種習慣，於是

他選擇了「避難」。

看著周林出了門,周太太和周先生坐在沙發上相對無語……

症　狀

老公對孩子不關心不照管不教育,關於孩子的一切都落到了老婆一個人的肩膀上,老婆抱怨又不是我一個人的孩子,老公怎麼就長不大,當不了爸爸呢?

老公不想管教孩子時就自顧自的,偶爾想起來要管教孩子的時候,又跟老婆唱反調,怎麼教育孩子的問題,在老公跟老婆這裡總是聽不到一致的意見。

症狀分析

有古語說:子不教,父之過。現代教育學也論證出,如果從小缺乏父愛,孩子成年以後也將會有人格缺陷,難以正常的適應生活和工作。

俗話說父債子還,但是孩子若是教育不好,父親真的有不可推卸的責任。

既然經過DNA親子鑒定,孩子如假包換是老公的孩子,那麼為什麼會出現不合格的父親呢?

　　一般來說，男主外，女主內，老公在古時候是在外面打獵，帶回吃的給老婆孩子；現在老公是在辦公室裡拼殺，帶回薪水給老婆孩子糊口。所以絕大多數的老公認為自己掙錢養了家，就已經盡到了為人夫，為人父的責任。至於管家管孩子那就是老婆的事情了。

　　對於有孩子之前就不懂得體貼妻子的老公，老婆就別指望他能幫你帶孩子教育孩子了，因為他自己就是孩子，身上哪裡背的起父親這個千斤重擔？

　　自己的孩子，做父親的怎麼可能不愛？這裡也有老婆的不當之處，孩子太小，吃喝拉撒都需要做母親的寸步不離，於是孩子稍微長大以後，母親依然習慣於把孩子歸屬於自己的一部分，雖然這身上的一塊肉已經掉出來了，但母親在心理上還是不願接受這個事實。

　　母親管的事太細，面太廣，父親自然無法見縫插針，或者老公和老婆總為孩子的事情意見不合，發生爭執，天生怕吵的老公吵的多了也就得到經驗，選擇沉默，而不是教育孩子了。

　　總而言之，老公要想當好父親，首先是要增強責任感，其次是需要老婆的放權和協助。

 解決方法

★不合格父親之缺乏責任感：

老婆在選老公之初，就該想到為將來的孩子挑選出基因優秀的有責任感的父親，這樣才能一勞永逸，母子受益。如果出現老公對家庭缺乏責任感，老婆就需要表明立場，說清危害。比如對家不負責，老婆會跟別人跑，給老公西瓜皮顏色的帽子；對孩子不盡責，孩子可能成為問題兒童，進感化院，小時候學習不好，長大了沒有工作，沒有女孩喜歡，孤獨一生，成為變態殺人狂——錯就錯在沒有一個好父親。往往把危害說的嚴重一些，最好再輔助一些報紙或專家的說辭，讓老公打從心裡認識到父親肩上的擔子說有多重就有多重，但若做出成績，要多光榮就有多光榮，當父親的，誰不希望自己的孩子光宗耀祖？

★不合格父親之沒有主見：

這種父親在孩子面前沒有威信，就算想教育孩子，孩子也不聽他的。問題很可能出在老婆身上，唯唯諾諾的父親一般也會是一個怕太太協會的會員。因此老婆要多在孩子面前維護老公的尊嚴和威信。比如不能

當著孩子面數落老公，說老公的不是，或者諷刺老公無能等，相反，應該多在孩子面前表現出對老公的敬仰和崇拜，言傳身教，孩子一旦認識到父親的「厲害」之處，自然會打心眼裡對父親服氣，也會對父親的教育或管教比較順從。否則老婆不尊重老公，孩子也跟著不尊重父親，老婆這個當母親的不但因為無人分擔教育子女的責任，會很辛苦，而且母強父弱的環境也不利於孩子的成長和日後的性別取向。

★不合格父親之沒有親和力：

孩子怕父親是好事，但這種怕不是怕父親的必殺技——打或罵。因為孩子往往並不對母親的嘮叨感冒，但是如果父親過於讓孩子感到懼怕，孩子就不會在父親面前坦露真實的想法，走向撒謊或者陽奉陰違的歧途，不利於正確的教育引導。所以老婆應當多鼓勵老公跟孩子在一起，小時候一起遊戲，長大了一起娛樂，培養親子關係。只有當父親的在孩子面前有不怒而威的威信，同時又有親和力，孩子的成長才會比較順利。

★不合格父親之與老婆意見不合：

老婆跟老公應該在教育孩子的問題上達成一致的戰略佈署，這樣才不至於在孩子面前出現爭執，也不

會出現朝令夕改，讓孩子無所適從。老婆應該在懷孕之始，就跟老公一起計劃孩子的將來，比如為孩子存一筆教育基金，孩子稍微長大一點，一起跟孩子探討學習或生活問題，讓孩子時刻感受到同時有父愛和母愛的滋潤。當孩子出現問題的時候，老婆應該跟老公提前商量好，再「並肩作戰」，教育孩子。

The
Husband
Instructions

05 不用忌諱在孩子面前表達愛

　　許太太的孩子小熙今年快五歲了，最近不知道為什麼，小熙對於父母間的親密接觸特別敏感。小熙一看到他們兩個人一起坐在沙發上，就會硬把他們拉開，讓自己坐在中間；一家三口外出，小熙不允許父母牽手，而是站在中間把他們分開；許先生偶爾想摟抱一下老婆，只要被小熙看到，他就會帶著哭腔喊：「放開媽媽，你這個壞蛋！」弄的夫妻倆面面相覷，但又不知如何是好。

　　而最令他們夫妻倆感到頭痛的是，原本已經擁有自己獨立房間的小熙卻要吵著跟媽媽睡，把林先生趕到小熙的小床上去。

　　林先生對此頗有怨言，但是林太太又不忍心傷害

到孩子幼小的心靈，一邊是老公，一邊是兒子，林太太很為難……

晚飯時分，一家三口圍著餐桌邊吃飯邊聊各自當天的所見所聞。

女兒菲菲上高一了，說起班上最近的新聞是有同學在談戀愛，父母一聽，立刻警覺的豎起了耳朵。

「班導師可著急了，找了那些同學的家長，還單獨談了話。」菲菲說的輕描淡寫，顯然事不關己。

「對於班上有同學談戀愛，你有什麼看法呢？」菲菲的母親按捺不住，想聽女兒的表態。

「其實老師是在大驚小怪，他們只不過是一起放學回家而已，哪有那麼嚴重。」菲菲沒想到母親也跟老師一樣過敏，添了一碗飯繼續邊吃邊說。

「老師那是防患於未然，沒有什麼不對，畢竟早戀會影響學習的。」菲菲父親接了一句，糾正女兒的認知。

「對呀！男男女女在一起，哪還有什麼心思去學習呢？你沒有談戀愛吧？」菲菲母親對此還是不放心，迫不及待的問了一句。

「我？我才不想談戀愛呢，男女談戀愛不就是要

結婚了嗎？」菲菲說的大而化之，讓父母都楞了一楞，還沒等他們反應過來，菲菲又接著說「就跟你們一樣，成天吵架，有什麼意思啊？你們放心，我絕對不會自討苦吃的！」

「……」菲菲的父母目瞪口呆，不知道該說什麼才好，既不能告訴女兒結婚的真正含義，又不能反駁她所說的事實。

症　狀

老公和老婆如果在孩子的面前表現的太親密，孩子就會不高興；當孩子要求跟媽媽一起睡覺的時候，哪裡知道爸爸的苦悶；老公和老婆如果完全不在孩子面前表現出親密，孩子成年以後又會對父母的關係產生質疑，甚至對婚姻都有曲解。

老公不理解老婆為何對孩子如此「嬌慣」，被迫分居的老公對此大呼不滿。

老公，孩子；親密，疏遠；老婆像是一個鐘擺一樣在孩子與老公之間搖擺，婚姻裡也因孩子的出現而產生意外的摩擦。

 症狀分析

　　夫妻之間的感情和關係是無法向孩子說明的，尤其是還沒到青春期的孩子，絕對無法理解自己的父親和母親之間還有男女之愛，所以孩子看到母親與父親的親密，就會吃醋，就會鬧情緒。

　　因為在孩子看來，母親和父親，尤其是從小依賴的母親，是自己的「私有財產」，只能跟自己親密接觸，不能接受母親跟父親有摟抱或親吻。

　　但是當孩子到了青春期，接受過一些性教育後，就不會對此有不理解了，相反，父母如果一面用顯性的口頭說教對其進行正面引導，另一方面卻用隱形的身體力行，讓孩子看到父母在家不苟言笑，那麼孩子也會對父母的說一套，做一套，感到無法理解，會使得孩子對未來的婚姻或戀愛產生誤解──因為父母就是孩子的榜樣，就是愛的教育言傳身教的導師。

　　父母如果能在孩子面前表現出適度適當的親密，既有利於增強孩子潛意識裡的幸福感和安全感，也有益於老婆跟老公的關係的潤滑。

　　其實，父母間愛的傳遞會帶給孩子溫暖的感受，

在孩子面前甜蜜的私語只會讓他感到父母的美好與親密，這也是愛的教育和快樂教育的一部分。

當然，父母也應該根據自己孩子實際的年齡適當的告知一定的性知識，讓孩子明白一些必要的成長變化。

解決方法

老婆應當事先跟老公溝通好，在孩子面前不必過於羞澀表達出對彼此的愛，要讓孩子從小就感受到父母是相愛的，所以他們才會生活在一起。

老婆跟老公一起為孩子創造一個充滿愛的家庭環境是義不容辭的，但是親密也要有所忌諱，一些小細節，需要老婆提醒老公注意：

如果幼兒出現吃醋行為：孩子對於父母出現的親密感到不適，一般是因為內心有不安全的隱憂，孩子怕被孤立，怕被冷落。

這個時候父母沒必要因此而不在孩子面前表現親密，否則孩子還是會察覺到自己被隔閡了，情況可能更糟。

比較值得鼓勵的方式應該是，父母每次相互擁抱

或者親吻的時候，不忘把孩子也加進來。比如老婆親了老公一下，也要親孩子一下；老公用左手擁抱老婆，順帶就用右手把孩子也抱起來。

親密不一定就是身體接觸，包括父母帶孩子進行一些大家都喜歡的活動，一起遊戲，一起娛樂，孩子就會慢慢習慣這種親密關係，當孩子再看到父母有親密行為的時候，就不覺得抗拒和害怕了，反而會讓他感覺到就像和大家在一起一樣的一種單純的親密無間。

如果孩子要求跟母親睡覺：而老婆出於疼愛孩子的理由，一味遷就孩子的這種要求，那麼很可能會對夫妻關係造成長遠的危害，同時，如果孩子養成了這種習慣，直到青春期都不改正，那麼有可能會造成「戀母」的傾向，後果比較嚴重，所以要儘早跟老公協調好，共同照顧這種傾向的孩子。

既然孩子能提出這種要求，就證明已經有了自我的意識，如果是小男孩，老公就要出面給予他做男子漢的勇氣，告訴他獨立睡覺也是一種了不起的男人行為；如果是膽小的女孩子，老婆可以耐心的開導孩子，或者買幾個洋娃娃讓她獲得安全感，打消孩子的恐懼心理。

當然，對於偶爾出現因疾病或者雷雨交加的天氣，孩子提出跟父母或一方同睡，老公和老婆也要表示出理解和接納。

父母的親密也要注意底線：表達愛是沒有錯的，但是如果超出了範圍就不應該了。老公和老婆在孩子面前親密的過了頭，也就是除了擁抱接吻以外的很多兩性接觸，是應該嚴格避免發生的。

因為還未成年的孩子尚缺乏正確的判斷力，他們往往是透過觀察大人的行為，來逐漸形成自己的行為準則和道德觀念的。特別是當孩子處在青春期，心理上已有性的朦朧認識。他們對異性產生一種越來越濃厚的好感和好奇心。如果父母不小心被孩子看到了過分親密的行為，孩子就會產生一種羞愧和憎恨的心理。進而影響到孩子將來的兩性關係。

所以，父母在孩子面前所表現出的親密一定是要夠溫暖，夠溫馨，但不能過火，過熱。

永續圖書
線上購物網

www.foreverbooks.com.tw

◆ 加入會員即享活動及會員折扣。

◆ 每月均有優惠活動，期期不同。

◆ 新加入會員三天內訂購書籍不限本數金額，
即贈送精選書籍一本。（依網站標示為主）

專業圖書發行、書局經銷、圖書出版

永續圖書總代理：
五觀藝術出版社、培育文化、棋茵出版社、大拓文化、讀
品文化、雅典文化、知音人文化、手藝家出版社、璞申文
化、智學堂文化、語言鳥文化

活動期內，永續圖書將保留變更或終止該活動之權利及最終決定權。

大大的享受拓展視野的好選擇

永續圖書線上購物網
www.foreverbooks.com.tw

謝謝您購買 ＿＿＿＿＿＿ 老公使用說明書 ＿＿＿＿＿＿ 這本書！

即日起，詳細填寫本卡各欄，對折免貼郵票寄回，我們每月將抽出一百名回函讀者寄出精美禮物，並享有生日當月購書優惠！

想知道更多更即時的消息，歡迎加入"永續圖書粉絲團"

您也可以利用以下傳真或是掃描圖檔寄回本公司信箱，謝謝。

傳真電話：（02）8647-3660　　　　　　　　信箱：yungjiuh@ms45.hinet.net

☺ 姓名：＿＿＿＿＿＿＿＿　□男　□女　　□單身　□已婚

☺ 生日：＿＿＿＿＿＿＿＿　□非會員　　□已是會員

☺ E-Mail：＿＿＿＿＿＿　電話：（　）＿＿＿＿＿

☺ 地址：＿＿＿＿＿＿＿＿＿＿＿＿＿＿＿＿

☺ 學歷：□高中及以下　□專科或大學　□研究所以上　□其他

☺ 職業：□學生　□資訊　□製造　□行銷　□服務　□金融

　　　　□傳播　□公教　□軍警　□自由　□家管　□其他

☺ 您購買此書的原因：□書名　□作者　□內容　□封面　□其他

☺ 您購買此書地點：＿＿＿＿＿＿＿　金額：＿＿＿＿＿

☺ 建議改進：□內容　□封面　□版面設計　□其他＿＿＿＿

　　您的建議：＿＿＿＿＿＿＿＿＿＿＿＿＿＿＿＿

新北市汐止區大同路三段一九四號九樓之一

大拓文化事業有限公司收

請沿此虛線對折免貼郵票，以膠帶黏貼後寄回，謝謝！

老公使用說明書

■ 請至鄰近各大書店洽詢選購。

■ 永續圖書網，24小時訂購服務
www. foreverbooks. com. tw
免費加入會員，享有優惠折扣

■ 郵政劃撥訂購：
服務專線：(02)8647-3663
郵政劃撥帳號：18669219